dtv

›Stories vom verschütteten Leben‹ nennt Charles Bukowski seine Kurzgeschichten, in denen zur Erbitterung seiner Gegner scheinbar ohne jede Sublimierung »primitive« menschliche Bedürfnisse und Regungen artikuliert werden. »Was ich nicht brauche, sind diese blödsinnigen Arschlöcher, die mir dieses Scheiß-Image, dieses Humphrey-Bogart-Image anhängen wollen, oder mich als einen wildgewordenen Hemingway feiern oder als den Slum-Gott aus den Kloaken von Los Angeles oder was weiß ich ... Viele, die mein Zeugs lesen, sind sich nicht darüber im klaren, daß ich nur schreibe, um rauszufinden, ob ich schon vollkommen kirre bin oder nicht; ob ich die nächsten 24 Stunden überleben werde – überleben *will* – oder nicht ...«

Charles Bukowski wurde am 16. August 1920 in Andernach geboren. Er lebte seit seinem zweiten Lebensjahr in Los Angeles. Nach Jobs als Tankwart, Schlachthof- und Hafenarbeiter begann er zu schreiben und veröffentlichte weit über vierzig Prosa- und Lyrikbände. Er starb am 9. März 1994 in San Pedro/L. A.

Charles Bukowski

Pittsburgh Phil & Co.

Stories vom verschütteten Leben

Zusammengestellt
und ins Deutsche übertragen
von Carl Weissner

Deutscher Taschenbuch Verlag

September 1983
16. Auflage Februar 2008
Deutscher Taschenbuch Verlag GmbH & Co. KG,
München
www.dtv.de

Titel der amerikanischen Originalausgabe:
›South of No North‹ (Black Sparrow Press,
Santa Barbara/Kalifornien 1975)

Titel der deutschsprachigen Ausgabe:
›Das ausbruchsichere Paradies. Stories vom verschütteten Leben‹
Der vorliegende Band enthält die ersten siebzehn Erzählungen.
Umschlagkonzept: Balk & Brumshagen
Umschlagbild: ›Pazifik‹ (1967) von Alex Colville
Gesamtherstellung: Druckerei C. H. Beck, Nördlingen
Gedruckt auf säurefreiem, chlorfrei gebleichtem Papier
Printed in Germany · ISBN 978-3-423-12391-4

Inhalt

Die Stripperinnen vom Burbank

Wir redeten über Frauen, linsten ihnen unter die Röcke, wenn sie aus dem Auto stiegen, und bei Nacht sahen wir in Fenster rein und hofften darauf, welche beim Ficken zu erleben, aber wir bekamen nie was zu sehen. Einmal beobachteten wir ein Pärchen im Bett, der Kerl hatte seine Frau schwer in der Mache, und wir dachten, jetzt würden wir's aber gleich sehen, doch dann sagte sie: »Nee heut' abend will ich nicht!« und drehte sich einfach auf die andere Seite. Er steckte sich eine Zigarette an, und wir zogen weiter zum nächsten Fenster.

»So ein Scheiß. Bei mir würde sich ne Frau nicht umdrehen!«

»Bei mir auch nicht. Und sowas will ein Mann sein.«

Wir waren zu dritt. Baldy, Jimmy und ich. Unser großer Tag war der Sonntag. Sonntags trafen wir uns bei Baldy und fuhren mit der Straßenbahn runter zur Main Street. Die Fahrt kostete sieben Cents.

Damals gab es dort zwei Varietés, das Follies und das Burbank. Wir waren alle verliebt in die Stripperinnen vom Burbank, und die Witze waren dort auch ein bißchen besser, deshalb gingen wir ins Burbank. Wir hatten die anrüchigen Kinos ausprobiert, aber die Filme waren gar nicht so anrüchig, und die Handlung war immer gleich. Ein paar Kerle machten ein kleines unschuldiges Mädchen besoffen, und ehe sie sich von ihrer Schlagseite wieder erholt hatte, steckte sie bereits in einem Bordell, wo Matrosen und Bucklige Schlange standen und an ihre Tür hämmerten. Außerdem schliefen in den Kinos bei Tag und Nacht die Stadtstreicher, pißten auf den Fußboden, tranken

Wein und filzten einander. Der Gestank nach Pisse und Wein und Mord war unerträglich. Wir gingen ins Burbank.

»Na, Jungs, gehts heute ins Varieté?«, fragte Baldys Opa jedesmal.

»Ah nee, Sir, wir ham was zu tun.«

Wir gingen hin. Wir gingen jeden Sonntag hin. Wir zogen schon am frühen Morgen los, lange vor Beginn der Show, wir klapperten die ganze Main Street ab, sahen in die leeren Bars rein, wo am Eingang die Animierdamen saßen, die Röcke bis über die Knie hoch, und mit den Beinen wippten im warmen Sonnenschein, der in die Bar hineinwaberte. Die Girls sahen gut aus. Aber wir wußten Bescheid. Wir hatten uns umgehört. Ein Typ ging auf einen Drink rein, und sie nahmen ihn aus nach Strich und Faden. Er zahlte nicht nur für sich, sondern auch für das, was die Animierdame trank. Die trank natürlich nur verdünntes Zeug. Man durfte sie mal kurz anlangen, und damit hatte es sich. Wenn man Geld sehen ließ, kriegte es der Barkeeper sofort spitz, er tat einem was in den Drink, und dann hing man bewußtlos über dem Tresen und das Geld war fort. Wir wußten Bescheid.

Nach unserem Bummel durch die Main Street gingen wir in die Hot-Dog-Bude; dort holte sich jeder einen Hot Dog für acht Cents und einen großen Humpen Malzbier für fünf. Wir machten Gewichtheben, und unsere Muskeln standen heraus, und wir hatten immer unsere Hemdsärmel hochgekrempelt und jeder hatte eine Packung Zigaretten in der Brusttasche. Wir hatten sogar mal einen Fernlehrgang von Charles Atlas ausprobiert, ›Dynamite Tension‹, aber Bodybuilding war uns nicht männlich genug. Gewichtheben war einfach eine klare Sache.

Mit Hot Dogs und Bierhumpen begaben wir uns dann zum Flipper-Automaten, einen Penny pro Spiel.

Wir lernten diesen Flipper mit der Zeit perfekt beherrschen. Wenn man die Traumzahl erreichte, bekam man ein Freispiel. Wir mußten die Traumzahl erreichen. Wir hatten nicht genug Geld.

Frankie Roosevelt war am Ruder, es ging wieder aufwärts, aber es war immer noch Wirtschaftskrise, und keiner von unseren Vätern hatte Arbeit. Wie wir zu unserem bißchen Taschengeld kamen, war ein Mysterium, wenn man einmal davon absieht, daß wir ein gutes Auge hatten für alles, was nicht niet- und nagelfest war. Wir klauten nicht, wir nahmen uns nur unseren Anteil. Und wir waren erfinderisch. Da wir wenig oder gar kein Geld hatten, erfanden wir kleine Spiele, um uns die Zeit zu vertreiben – eines davon war ein Fußmarsch zum Strand und zurück.

Das war unser üblicher Zeitvertreib an Sommertagen, und unsere Eltern hatten nie etwas dagegen, wenn wir das Essen verpaßten. Es machte ihnen auch nichts aus, wenn wir mit dicken Blasen an den Füßen nach Hause kamen. Erst wenn sie sahen, daß wir Löcher in den Schuhsohlen hatten und die Absätze runtergelatscht waren, da bekamen wir dann was zu hören. Man schickte uns in den Kramladen um die Ecke, wo Schusterleim und Absätze und Sohlen bereitlagen und zu zivilen Preisen.

Die Situation war die gleiche, wenn wir auf der Straße Football spielten. Es gab keine öffentlichen Gelder für den Bau von Sportplätzen. Wir waren so hartgesotten, daß wir Football auf der Straße spielten, die ganze Football-Saison hindurch, die Basketball- und Baseball-Saison hindurch und auch noch glatt die nächste Football-Saison hindurch. Wenn einer auf Asphalt einen Bodycheck bei dir macht, da passiert einiges. Haut geht in Fetzen, Knochen werden angeknackst, Blut fließt, aber du stehst wieder auf, als sei nichts gewesen.

Unsere Eltern störten sich nie an dem Blut und den Platzwunden und zerschrammten Knochen. Die schreckliche und unverzeihliche Sünde war vielmehr, sich die Knie aufzuschürfen, so daß die *Hose* ein Loch bekam. Denn jeder Junge hatte nur zwei Paar Hosen: seine Hose für jeden Tag und seine Sonntagshose. Unter keinen Umständen durfte man in eine der beiden ein Loch reinmachen, denn das bewies, daß man ein armer Hund und ein Arschloch war; und daß man Eltern hatte, die ebenfalls arme Hunde und Arschlöcher waren. Deshalb lernte man, einen Angreifer zu stoppen, ohne sich dabei die Knie zu ramponieren. Und der andere lernte es, sich so stoppen zu lassen, daß auch seine Knie dabei heil blieben.

Wenn wir Schlägereien hatten, dann ging das stundenlang, und unsere Eltern unternahmen nichts zu unserer Rettung. Vermutlich deshalb nicht, weil wir uns so ruppig gaben und nie um Gnade winselten, während sie darauf warteten, daß wir um Gnade winselten. Aber das konnten wir nicht, denn wir haßten unsere Eltern; und weil wir sie haßten, wurden wir auch von ihnen gehaßt, und sie kamen lediglich auf die Veranda heraus und sahen mal beiläufig zu uns herüber, während wir mitten in einer dieser endlosen schrecklichen Schlägereien waren. Sie gähnten nur und bückten sich nach einer Postwurfsendung, die neben dem Briefkasten gelandet war, und gingen wieder rein.

Ich schlug mich immer mit einem Kerl, der später ein hohes Tier in der Marine wurde. Eines Tages kämpfte ich mit ihm von 8.30 Uhr morgens bis nach Sonnenuntergang. Niemand ging dazwischen, obwohl sich das ganze direkt vor seinem Elternhaus abspielte, unter zwei riesigen Pfefferstäuchern, von denen die Spatzen den ganzen Tag lang auf uns runterschissen.

Es war ein verbissener Kampf, von Anfang bis Ende. Er war größer als ich, ein bißchen älter und stärker, aber ich hatte die größere Wut im Bauch. Schließlich hörten wir in gegenseitigem Einvernehmen auf – ich weiß nicht, wie das geht, man muß es mitgemacht haben, um es zu begreifen; aber wenn man acht oder neun Stunden lang aufeinander eingeschlagen hat, entwickelt sich ein ganz eigenartiges Gefühl der Verbundenheit.

Am nächsten Tag hatte ich am ganzen Körper blaue Flecken. Meine Lippen waren so verquollen, daß ich nichts reden konnte, und bei der geringsten Bewegung tat mir alles weh. Ich lag im Bett und stellte mich schon mal aufs Sterben ein, da kam meine Mutter mit dem Hemd an, das ich bei dem Kampf getragen hatte. Sie hielt es mir übers Bett, dicht vor die Nase, und sagte: »Sieh dir das an! Du hast Blutflecken auf diesem Hemd! Blutflecken!«

»Tut mir leid«

»Die krieg ich nie mehr raus! NIE!!«

»Das ist dem *anderen* sein Blut.«

»Spielt gar keine Rolle! Es ist Blut! Es geht nicht mehr raus!«

Der Sonntag war unser Tag, unser geruhsamer, gemütlicher Tag. Wir gingen ins Burbank. Zuerst gab es immer einen miesen Film, einen sehr alten Film, und während er lief, wurde man immer ungeduldiger. Man dachte an die Girls. Die drei oder vier Kerle im Orchestergraben machten eine Menge Lärm. Sie spielten vielleicht nicht besonders gut, aber sie spielten laut. Und dann kamen endlich die Stripperinnen raus. Sie packten den Bühnenvorhang, den Rand des Vorhangs, und sie packten ihn als sei es ein Mann, sie stießen mit dem Unterleib dagegen, bop, bop, bop, gegen diesen Vorhang. Dann machten sie einen Schlenker auf die Bühne und fingen an zu strippen. Wenn man genug Geld hatte, konnte man sich sogar eine Tüte Popcorn kaufen; wenn nicht, dann zum Teufel damit.

Vor der nächsten Nummer gab es erst mal eine Pause. Ein kleiner Mensch kam auf die Bühne und sagte: »Damen und Herren, wenn ich um Ihre geschätzte Aufmerksamkeit bitten dürfte ...« Er hatte neckische Ringe zu verkaufen. Auf jedem Ring war ein Brocken Glas, und wenn man das gegen das Licht hielt, konnte man darin ein höchst wundervolles Bild sehen. Ehrenwort! Ein Ring kostete nur 50 Cents, eine Anschaffung fürs ganze Leben, und das für ganze 50 Cents, und die Ringe wurden nur den Gästen des Burbank angeboten, es gab sie sonst nirgends zu kaufen. »Einfach gegen das Licht halten, dann werden Sie's sehen! Damen und Herren, ich danke für die freundliche Aufmerksamkeit. Die Platzanweiser werden jetzt durch die Gänge gehen und zu Ihnen kommen.«

Zwei abgerissene Penner, die nach Wermut rochen, schlurften nun die Gänge entlang, jeder mit einer Tüte Ringe in der Hand. Ich sah nie, daß sie auch nur einen einzigen verkauften. Aber ich vermute, wenn man so einen gegen das Licht hielt, dann sah man das Bild einer nackten Frau.

Die Musik setzte wieder ein, der Vorhang ging auf, und da standen jetzt die Tänzerinnen in einer Reihe auf der Bühne, zum größten Teil altgewordene ehemalige Stripperinnen mit falschen Wimpern, dick aufgetragenen Augen-Make-up, Rouge und Lippenstift. Sie brachen sich redlich einen ab, um das Tempo der Musik mitzuhalten, doch sie hingen immer ein bißchen zurück. Trotzdem, sie blieben dran. Ich fand, daß sie sich sehr tapfer schlugen.

Dann trat der Sänger auf. Den Sänger zu mögen, fiel einem sehr schwer. Er sang, viel zu laut, von enttäuschter Liebe. Er hatte keine Ahnung vom Singen, und wenn er fertig war, breitete er jedesmal die Arme aus und verbeugte sich vor einem Publikum, in dem kaum jemand eine Hand rührte.

Jetzt kam der Komiker. Ah, war der gut! Er kam heraus in einem alten braunen Mantel, den Hut bis über die Augen gezogen, und er schlurfte mit eingefallenen Schultern daher wie ein Penner; ein Penner, der nicht weiß, was tun und wohin. Ein Girl ging auf der Bühne an ihm vorbei, und er folgte ihr mit den Augen. Dann wandte er sich dem Publikum zu und sagte mit seinem zahnlosen Mund: »Na, da leck mich doch am Ärmel!«

Ein weiteres Girl kam jetzt auf die Bühne, und er ging ganz dicht zu ihr hin, bis sich ihre Nasen fast berührten, und sagte: »Ich bin ein alter Mann, ich bin jenseits der 44, aber wenn das Bett zusammenkracht, dann mach ich auf dem Fußboden weiter.«

Das brachte es. Haben wir vielleicht gelacht! Die jungen Kerle wie die alten, alles lachte sich schief. Und dann kam die Nummer mit dem Koffer. Er versucht einem Girl beim Packen ihres Koffers zu helfen. Die Kleider schnalzen immer wieder raus.

»Ich krieg's nicht rein!«

»Komm, ich helf dir!«

»Schon wieder rausgerutscht!«

»Warte! Ich werd mich draufstellen!«

»Was, *draufstellen*? Oh nein, das wirst du *nicht*!«

So ging das in einer Tour bei dieser Koffernummer. Ah, war das ein Witzbold!

Schließlich kamen dann die drei oder vier Stripperinnen vom Anfang noch einmal auf die Bühne. Jeder von uns hatte eine, in die er verliebt war. Baldys Auserwählte war eine abgemagerte Französin; sie litt an Asthma und hatte schwarze Tränensäcke unter den Augen. Jimmy gefiel das Tigerweib (eigentlich hieß sie »Die Tigerin«). Ich hatte Jimmy darauf aufmerksam gemacht, daß die eine Titte des Tigerweibs eindeutig größer war als die andere.

Meine hieß Rosalie. Sie hatte einen großen Arsch,

und sie schlenkerte und schlenkerte ihn und sang komische kleine Songs dazu; und während sie da oben am Strippen war, redete sie mit sich selbst und kicherte. Sie war die einzige, die wirklich Spaß hatte an ihrer Arbeit. Ich war verliebt in Rosalie. Ich nahm mir immer wieder vor, ihr zu schreiben und ihr zu sagen, wie großartig sie sei, aber irgendwie kriegte ich nie die Kurve.

Eines Nachmittags warteten wir nach der Show auf die Straßenbahn, und da stand das Tigerweib und wartete ebenfalls auf die Straßenbahn. Sie trug ein engsitzendes grünes Kleid, und wir standen da und sahen sie an.

»Es ist dein Girl, Jimmy, es ist das Tigerweib.«

»Boy, die hat es! Seht euch das an!«

»Ich werd sie anquatschen«, sagte Baldy.

»Es ist Jimmys Girl.«

»Ich will nicht mit ihr reden«, sagte Jimmy.

»Ich werd sie anquatschen«, sagte Baldy. Er steckte sich eine Zigarette zwischen die Lippen, zündete sie an und ging zu ihr hin.

»Hi ya, Baby!« sagte er und grinste sie an.

Das Tigerweib gab keine Antwort. Sie sah einfach stur geradeaus und wartete auf die Straßenbahn.

»Ich weiß, wer du bist. Ich hab mir heute deinen Striptease angesehen. Du hast es, Baby, du hast es wirklich!«

Das Tigerweib gab keine Antwort.

»Du machst wirklich einen locker, meine Güte, du machst wirklich einen locker!«

Das Tigerweib starrte eisern geradeaus. Baldy stand da und grinste sie an wie ein Idiot. »Bei dir würd ich ihn gern mal reinhängen. Dich würd ich gern mal ficken, Baby!«

Wir gingen hin und zerrten ihn weg. Wir nahmen ihn zwischen uns und gingen mit ihm die Straße runter. »Du Arschloch, du hast kein Recht, so mit ihr zu reden!«

»Na, sie geht doch da rauf und schlenkert ihre Sachen, sie stellt sich vor ne Horde Männer hin und schlenkert ihre Sachen!«

»Sie versucht bloß ihren Lebensunterhalt zu verdienen.«

»Sie ist heiß, sie ist wild drauf, sie will es!«

»Du spinnst ja.«

Wir gingen mit ihm die Straße runter.

Nicht lange danach begann ich das Interesse an diesen Sonntagen auf der Main Street zu verlieren. Ich nehme an, das Follies und das Burbank gibt es immer noch. Aber das Tigerweib und die Stripperin mit Asthma und Rosalie, meine Rosalie – die sind natürlich längst weg. Wahrscheinlich tot. Rosalies großer schlingernder Arsch ist wahrscheinlich tot. Und wenn ich in meine alte Nachbarschaft komme, fahre ich an dem Haus vorbei, in dem ich damals wohnte, und da wohnen jetzt Fremde. Doch diese Sonntage waren gut, die meisten dieser Sonntage waren gut, ein winziger Lichtblick in den schwarzen Tagen der Wirtschaftskrise, als unsere Väter auf der Veranda hin und her gingen, arbeitslos und impotent, und geistesabwesend mit ansahen, wie wir uns gegenseitig die Fresse polierten. Und dann gingen sie rein und starrten die Wände an und trauten sich nicht, das Radio anzustellen, wegen der Stromrechnung.

Einsame Leichen

Edna war gerade mit einer vollen Einkaufstüte auf dem Heimweg, als ihr ein geparktes Auto auffiel. Es hatte ein Schild am Seitenfenster:

FRAU GESUCHT.

Sie blieb stehen. Es war ein großes Stück Pappkarton, mit Zetteln beklebt. Das meiste war mit der Maschine geschrieben. Edna konnte es vom Bürgersteig aus nicht entziffern. Aus der Entfernung waren nur die großen Buchstaben zu lesen:

FRAU GESUCHT.

Der Wagen war ein teures Modell, nagelneu. Edna ging näher heran, um auch das Getippte lesen zu können:

> Mann, 49, geschieden, möchte Frau zwecks Heirat kennenlernen. Sollte zwischen 35 und 44 sein. Sich für Fernsehen, Lichtspieltheater und gutes Essen interessieren. Bin Betriebskalkulator, in gesicherter Position. Verfüge über Ersparnisse. Bevorzuge Frauen, die zu Fettansatz neigen.

Edna war 37 und neigte zu Fettansatz. Eine Telefonnummer war angegeben. Es gab auch drei Fotos von dem Herrn, der eine Frau suchte. Er trug Anzug und Krawatte und wirkte sehr gesetzt. Außerdem wirkte er langweilig. Er sah auch ein bißchen so aus, als könne er grob werden. Und innendrin ist er aus Holz, dachte Edna.

Edna ging weiter, mit einem leicht angewiderten Lächeln auf den Lippen. Als sie zuhause ankam, hatte sie ihn schon wieder vergessen. Einige Stunden später, in der Badewanne, fiel er ihr plötzlich wieder ein. Er muß wirklich sehr einsam sein, dachte sie, um so etwas zu tun:

FRAU GESUCHT.

Sie stellte sich vor, wie er nach Hause kam, Gas- und Telefonrechnung im Briefkasten vorfand, sich auszog, ein Bad nahm, den Fernseher anstellte. Dann die Abendzeitung. Dann in die Küche, um sich etwas zu essen zu machen. Wie er dastand, in Unterhosen, und in die Bratpfanne starrte. Wie er sein Abendessen auf den Küchentisch stellte, sich setzte und aß. Seinen Kaffee trank. Dann wieder Fernsehen. Und vielleicht eine einsame Dose Bier vor dem Schlafengehen. Es gab Millionen Männer wie ihn, überall in Amerika.

Edna stieg aus der Wanne, frottierte sich ab, zog sich an und verließ ihr Apartment. Der Wagen stand immer noch da. Sie notierte sich den Namen des Mannes, Joe Lighthill, und die Telefonnummer. Sie las noch einmal das Getippte. »Lichtspieltheater«. Was für ein merkwürdiger Ausdruck. »Kino« sagte man dazu inzwischen. *Frau gesucht.* Das stand in großen dicken Buchstaben da. Ein origineller Einfall von ihm.

Als Edna nach Hause kam, trank sie drei Tassen Kaffee, dann wählte sie die Nummer. Am anderen Ende läutete es viermal.

»Hallo?«, meldete er sich.

»Mr. Lighthill?«

»Ja?«

»Ich habe Ihre Suchanzeige gelesen. An dem Wagen.«

»Oh, ja.«

»Mein Name ist Edna.«

»Wie gehts, Edna?«

»Oh, ganz gut, Es war wieder so heiß heute. Dieses Wetter ist nicht zum Aushalten.«

»Ja, es macht einem das Leben schwer.«

»Tja also, Mr. Lighthill ...«

»Nennen Sie mich doch einfach Joe.«

»Tja also, Joe, hahaha, ich komme mir so dumm dabei vor ... Wissen Sie, warum ich anrufe?«

»Weil Sie meine Annonce gelesen haben.«

»Nee, ich meine, hahaha, was ist los mit Ihnen? Können Sie keine Frau kriegen?«

»Anscheinend nicht, Edna. Sagen Sie mir eins: wo sind die alle?«

»Wer, die Frauen?«

»Ja.«

»Och, wissen Sie ... überall.«

»Aber wo? Sagen Sie mirs. Wo?«

»Na, in der Kirche, wissen Sie, in der Kirche kann man zum Beispiel Frauen finden.«

»Kirche liegt mir leider nicht.«

»Oh.«

»Hören Sie, wie wärs, wenn Sie einfach rüberkommen, Edna?«

»Sie meinen, rüber zu Ihnen?«

»Ja, Ich habe eine nette Wohnung. Wir könnten etwas trinken, uns unterhalten. Ganz zwanglos.«

»Es ist aber schon spät.«

»So spät ist es doch noch nicht. Schauen Sie, Sie haben meine Annonce gelesen. Sie haben doch sicher Interesse.«

»Naja ...«

»Sie haben Angst, das ist alles. Sie haben nur Angst.«

»Nein, ich habe keine Angst.«

»Dann kommen Sie doch rüber, Edna.«

»Naja ...«

»Kommen Sie schon.«

»Na gut. Ich bin in fünfzehn Minuten da.«

Es war in der obersten Etage eines modernen Apartmenthauses. Apartment 17. Unten im Swimmingpool spiegelten sich die Lichter. Edna klopfte an. Die Tür ging auf, und da stand Mr. Lighthill. Stirnglatze, Hakennase, aus den Nasenlöchern standen Haare heraus, sein Hemdkragen war offen.

»Kommen Sie herein, Edna ...«

Sie ging hinein, und die Tür fiel hinter ihr ins Schloß. Sie hatte ihr blaues Häkelkleid an. Sie trug Sandaletten, keine Strümpfe, und hatte eine Zigarette brennen.

»Setzen Sie sich. Ich werde Ihnen etwas zu trinken holen.«

Es war eine nette Wohnung. Alles in Blau und Grün, und *sehr* sauber. Sie hörte, wie Mr. Lighthill vor sich hinsummte, während er die Drinks mixte ... hmmmmmmm, hmmmmmmm, hmmmmmmm ... Er wirkte ganz leger. Das half ihr.

Mr. Lighthill – Joe – kam mit den Drinks zurück. Er gab Edna ihr Glas, dann setzte er sich, durch den halben Raum von ihr getrennt, in einen Sessel.

»Ja«, sagte er, »heiß war es heute wieder, höllisch heiß. Aber ich habe ja Air-Conditioning.«

»Das fiel mir gleich auf. Ist sehr angenehm.«

»Trinken Sie doch.«

»Oh, ja.«

Edna nippte ein wenig. Der Drink war gut, ein bißchen stark, aber er schmeckte gut. Sie sah, wie Joe sein Glas in einem Zug runterkippte. Dabei zeigte sich, daß er offenbar dicke Hautfalten an seinem Hals hatte. Und seine Hosen waren ihm viel zu weit. Mehrere Nummern zu groß. Seine Beine wirkten komisch darin.

»Ein hübsches Kleid haben Sie da an, Edna.«

»Gefällt es Ihnen?«

»Oh ja. Sie füllen es aber auch schön aus. Sitzt wie angegossen. Wirklich, wie angegossen.«

Edna sagte darauf nichts. Er sagte jetzt auch nichts

mehr. Sie saßen einfach da, sahen einander an und tranken aus ihren Gläsern.

Warum sagt er nichts?, dachte Edna. Es ist seine Sache, für Unterhaltung zu sorgen. Er hat wirklich was Stocksteifes an sich.

Sie trank ihr Glas aus.

»Kommen Sie, ich hole Ihnen noch etwas«, sagte Joe.

»Nein, ich müßte jetzt wirklich gehen.«

»Ach, kommen Sie doch«, sagte er, »nehmen Sie noch einen Drink. Wir brauchen etwas zur Auflockerung.«

»Na gut, aber danach gehe ich dann.«

Joe ging mit den Gläsern in die Küche. Er summte jetzt nicht mehr vor sich hin. Er kam zurück, gab Edna ihr Glas und setzte sich wieder in seinen Sessel am anderen Ende des Zimmers. Dieser Drink war stärker als der erste.

»Wissen Sie«, sagte er, »bei den Sex-Tests schneide ich immer gut ab.«

Edna nippte an ihrem Drink und sagte nichts.

»Wie schneiden Sie bei Sex-Tests ab?« fragte Joe.

»Ich habe nie einen gemacht.«

»Sie sollten's mal tun, wissen Sie, damit Sie herausfinden, wer und was Sie sind.«

»Meinen Sie, danach kann man sich richten? Ich habe sie in der Zeitung gesehen. Ich habe keine gemacht, aber ich habe sie gesehen«, sagte Edna.

»Natürlich kann man sich danach richten.«

»Vielleicht kann ichs nicht richtig«, sagte Edna. »Sex, meine ich. Vielleicht ist das der Grund, warum ich allein bin.« Sie nahm einen tiefen Schluck aus ihrem Glas.

»Jeder von uns ist letzten Endes allein«, sagte Joe.

»Wie meinen Sie das?«

»Ich meine, ganz gleich, wie gut es läuft, mit Sex

oder Liebe oder beidem – es kommt der Tag, da ist es vorüber.«

»Das ist traurig«, sagte Edna.

»Natürlich. Es kommt der Tag, da ist es vorüber. Es kommt entweder zur Trennung, oder man arrangiert sich irgendwie: zwei Menschen, die zusammenleben, ohne noch etwas füreinander zu empfinden. Ich glaube, es ist besser, man bleibt allein.«

»Haben Sie sich von Ihrer Frau scheiden lassen, Joe?«

»Nein, sie sich von mir.«

»Und woran lag es?«

»Sex-Orgien.«

»Sex-Orgien?«

»Wissen Sie, es gibt nichts auf der Welt, wo man sich einsamer fühlt als auf einer Sex-Orgie. Diese Orgien – ich spürte da immer so eine Verzweiflung dahinter – diese Schwänze, die da rein und raus rutschen – oh, ich bitte um Entschuldigung ...«

»Schon gut. Lassen Sie nur.«

»Diese Schwänze, die rein und raus rutschen, die verknoteten Beine, die Finger, die sich abmühen, die Münder ... alles grabscht und schwitzt und ist entschlossen, es zu machen – irgendwie.«

»Ich weiß nicht viel von diesen Dingen, Joe«, sagte Edna.

»Ich glaube, Sex ohne Liebe, das ist nichts. Einen Sinn kann es nur haben, wenn zwischen den Partnern eine gefühlsmäßige Bindung existiert.«

»Sie meinen, die Leute müssen einander mögen?«

»Es hilft.«

»Angenommen, sie kriegen sich über? Angenommen, sie *müssen* zusammenbleiben? Aus finanziellen Gründe, wegen der Kinder und all sowas?«

»Orgien helfen da nicht.«

»Was hilft denn?«

»Nun ja, ich weiß nicht. Vielleicht Partnertausch.«

»Partnertausch?«

»Wissen Sie, wenn sich zwei Paare *wirklich* gut kennen und dann die Partner tauschen. Gefühle haben da wenigstens noch eine Chance. Sagen wir mal, ich mag Mike's Frau sehr gern. Ich mag sie schon seit Monaten. Ich habe sie beobachtet, wie sie durchs Zimmer ging. Ich mag die Art, wie sie sich bewegt. Das hat mich neugierig gemacht. Verstehen Sie, ich frage mich, was bei ihr zu diesen Bewegungen noch so dazukommt. Ich habe sie wütend gesehen, ich habe sie betrunken gesehen, ich habe sie nüchtern gesehen. Und dann – Partnertausch. Man ist mit ihr im Schlafzimmer. Nun, wenigstens kennt man sie. Es besteht die Chance, daß sich etwas Sinnvolles ergibt. Natürlich, Mike ist mit meiner Frau im Zimmer nebenan. Viel Glück, Mike, sagt man sich da. Hoffen wir mal, daß du als Liebhaber so gut bist wie ich.«

»Und so etwas geht gut?«

»Nun ja, ich weiß nicht ... Partnertausch kann zu Schwierigkeiten führen ... hinterher. Man muß das alles bereden ... sehr gründlich bereden, und rechtzeitig. Und es kann natürlich sein, daß die Leute nicht genug davon wissen, auch wenn sie noch so viel reden ...«

»Wissen Sie genug davon, Joe?«

»Nun ja, so ein Partnertausch ... ich denke, für manche mag es gut sein ... vielleicht sogar für viele. Mir würde es nichts geben, nehme ich an. Ich bin da zu prüde.«

Joe trank sein Glas leer. Edna ließ den Rest ihres Drinks stehen und stand auf.

»Schauen Sie, Joe, ich muß jetzt gehen ...«

Joe ging quer durchs Zimmer auf sie zu. In diesen Hosen wirkte er wie ein Elefant. Sie sah seine großen Ohren. Dann packte er sie und begann sie zu küssen. Sein Mundgeruch wurde durch die leichte Alkoholfahne kaum gemildert. Sein ganzer Körper roch ausgesprochen sauer. Mit einem Teil seines Mundes fand er keinen Kontakt. Er war stark, aber seine Stärke brachte es nicht, sie mußte betteln gehen.

Edna drehte ihren Kopf zur Seite. Trotzdem ließ er sie nicht los.

FRAU GESUCHT.

»Joe, lassen Sie mich! Sie machen mir zu *schnell,* Joe! Lassen Sie mich!«

»Warum bist du dann hergekommen, du Weibstück?!«

Er versuchte sie wieder zu küssen, und es gelang ihm. Es war schauderhaft. Edna stieß ihm ihr Knie in die Weichteile. Sie erwischte ihn voll. Er preßte seine Hände zwischen die Schenkel und fiel auf den Teppich.

»Mein Gott ... warum mußtest du das tun? Du hast versucht, mich umzubringen ...«

Er wälzte sich am Boden.

Sein Hintern, dachte sie, er hat so einen *widerlichen* Hintern.

Sie ließ ihn da auf dem Teppich liegen und sich krümmen, rannte raus und die Treppe runter. Es war gute Luft draußen. Sie hörte die Leute reden, hörte ihre Fernseher. Sie hatte nicht weit zu gehen bis zu ihrem Apartment. Sie verspürte das dringende Bedürfnis, gleich nochmal ein Bad zu nehmen. Sie zog ihr blaues Häkelkleid aus und schrubbte sich gründlich ab. Dann stieg sie aus der Wanne, frottierte sich trokken und drehte sich rosarote Lockenwickler in die Haare. Sie beschloß, ihn nicht mehr wiederzusehen.

Du und dein Bier und was für ne große Nummer du bist

Jack kam zur Tür herein und griff sich als erstes die Packung Zigaretten, die auf dem Kaminsims lag. Ann saß auf der Couch und las in einer Ausgabe des ›Cosmopolitan‹. Jack steckte sich eine an, setzte sich in einen Sessel. Es war zehn Minuten vor Mitternacht.

»Charley hat gesagt, du sollst nicht rauchen«, sagte Ann und sah von ihrer Zeitschrift auf.

»Die hier hab ich mir verdient. War ein harter Fight heute abend.«

»Hast du gewonnen?«

»Unentschieden, aber sie ham mir den Kampf gegeben. Benson war ne harte Nuß, zeigte ne Menge Mumm. Charley sagt, Parvinelli ist der nächste. Wenn wir Parvinelli schaffen, kriegen wir den Champion vor die Fäuste.«

Jack stand auf, ging in die Küche, kam mit einer Flasche Bier zurück.

»Charley hat gesagt, ich soll dafür sorgen, daß du kein Bier trinkst«, sagte Ann und legte ihre Zeitschrift weg.

»›Charley hat gesagt, Charley hat gesagt‹ . . . Ich pfeif drauf. Ich hab meinen Kampf gewonnen. Ich hab 16 hintereinander gewonnen, ich hab ein Recht auf 'n Bier und ne Zigarette.«

»Du sollst dich aber in Form halten.«

»Kratzt mich überhaupt nicht. Ich krieg sie alle klein.«

»Du bist ja so ne große Nummer. Wenn du einen sitzen hast, hör ich in einer Tour, was für ne große Nummer du bist. Hängt mir allmählich zum Hals raus.«

»Ich *bin* ne große Nummer. 16 hintereinander, 15 davon durch K.O. Wer ist besser?«

Ann gab keine Antwort. Jack begab sich mit Bierflasche und Zigarette aufs Klo.

»Du kommst rein und gibst mir nicht mal ’n Kuß. Gehst sofort an deine Flasche Bier. Oh ja, du bist was ganz Großes. Ein großer Biertrinker.«

Von Jack kam keine Antwort. Fünf Minuten später stand er in der Klotür, Hose und Unterhose hingen ihm unten um die Füße herum.

»Menschenskind, Ann, kannst du nichtmal dafür sorgen, daß hier drin ne Rolle Klopapier ist?«

»Entschuldige.«

Sie ging zum Besenschrank und holte ihm eine Rolle. Jack beendete sein Geschäft und kam heraus. Dann trank er sein Bier aus und holte sich ein neues. »Da lebst du nun mit dem besten Halbschwergewichtler der Welt zusammen, und was machst du? Du beklagst dich in einer Tour. Ne Menge Girls würden sich die Finger nach mir schlecken, aber du mußt hier rumsitzen und mosern.«

»Ich weiß, daß du gut bist, Jack, vielleicht sogar der Beste, aber du hast keine Ahnung, wie mich das *langweilt,* hier zu sitzen und dich immer und immer wieder sagen zu hören, was für ne große Nummer du bist.«

»Oh, das langweilt dich also, hm?«

»Ja, verdammt nochmal, du und dein Bier und was für ne große Nummer du bist.«

»Sag mir mal einen Halbschwergewichtler, der besser ist. Du kommst ja nichtmal zu meinen Kämpfen.«

»Es gibt noch *andere* Sachen außer Boxen, Jack.«

»Was denn? Sich den Arsch plattliegen und ›Cosmopolitan‹ lesen?«

»Ich tu eben was für meine Bildung.«

»Das hast du auch nötig. Da hast du noch ne Menge harte Arbeit vor dir.«

»Ich sag ja bloß, es gibt noch andere Sachen außer Boxen.«

»Zum Beispiel? Sag mir mal ein paar.«

»Na, Kunst, Musik, Malerei, solche Sachen.«

»Hast du in der Sparte was los?«

»Nee, aber ich hab was dafür übrig.«

»Shit, ich bin lieber der Beste in dem, was ich mache.«

»Gut, besser, am besten ... Gott, nee. Kannst du die Menschen nicht einfach als das respektieren, was sie sind?«

»Als das, was sie sind? Was *sind* denn die meisten? Schnecken, Blutsauger, Fatzkes, Ganoven, Zuhälter, Lakaien ...«

»Du siehst immer nur auf alle runter. Nichtmal deine Freunde sind dir gut genug. Du bist ja so ne verdammt große Nummer!«

»Ganz recht, Baby.«

Jack ging in die Küche und kam mit einem neuen Bier wieder.

»Du und dein gottverdammtes Bier!«

»Ist mein gutes Recht. Die verkaufen es. Ich kaufe es.«

»Charley hat gesagt ...«

»Scheiß auf Charley!«

»Du bist ja so gottverdammt groß!«

»Ganz recht. Pattie hat das wenigstens begriffen. Sie hat es zugegeben. Sie war stolz darauf. Sie wußte, daß was dazu gehört. Du kannst immer nur mosern.«

»Na, warum gehst du dann nicht zu Pattie zurück? Was willst du denn noch mit mir?«

»Das frag ich mich auch.«

»Na bitte, wir sind nicht verheiratet, ich kann jederzeit gehn.«

»Das ist das einzig Gute dran. Shit, ich schleppe hier meinen müden Arsch rein nach einem harten Zehn-Runden-Kampf, und du freust dich nichtmal, daß ich gewonnen habe. Nein, du beschwerst dich nur über mich.«

»Hör zu, Jack, es gibt noch andere Sachen außer Boxen. Als wir uns kennenlernten, da hab ich dich bewundert als das, was du warst.«

»Ich war Boxer. Für mich *gibts* nichts anderes als Boxen. Das ist mein Beruf – Boxer. Das ist mein Leben. Und ich bin gut darin. Der Beste. Mir fällt auf, daß du immer auf diese zweitklassigen Typen abfährst ... so wie Toby Jorgenson.«

»Toby ist sehr spaßig. Er hat einen Sinn für Humor, einen echten Sinn für Humor. Ich mag Toby.«

»Der steht mit 9, 5 und 1 im Buch. Den schaff ich noch, wenn ich stockbesoffen bin.«

»Und stockbesoffen bist du weiß Gott oft genug. Was glaubst du, wie mir auf Parties zumute ist, wenn du besinnungslos auf dem Boden rumliegst, oder wenn du durch die Gegend torkelst und zu jedem sagst ›ICH BIN GROSSE KLASSE, ICH BIN GROSSE KLASSE, ICH BIN GROSSE KLASSE!‹ Glaubst du nicht, daß ich mir dabei vorkomme wie ne blöde Ziege?«

»Vielleicht deshalb, weil du ne blöde Ziege *bist*. Wenn dir Toby so gefällt, warum gehst du nicht mit ihm?«

»Ich hab nur gesagt, daß ich ihn mag, daß ich ihn *spaßig* finde. Das heißt noch lange nicht, daß ich mit ihm ins Bett will.«

»Na, mit mir gehst du ins Bett, und du sagst, ich bin langweilig. Ich möchte mal wissen, was du eigentlich willst.«

Ann gab keine Antwort. Jack stand auf, ging hinüber zur Couch, faßte Ann unters Kinn und gab ihr einen Kuß, ging zurück und setzte sich wieder hin.

»Paß auf, laß dir mal erzählen, wie dieser Fight mit Benson lief. Sogar du wärst auf mich stolz gewesen. In der ersten Runde legt er mich auf die Bretter, mit ner verdeckt geschlagenen Rechten. Ich steh auf und halte ihn für den Rest der Runde auf Distanz. In der zweiten verplättet er mir wieder eine. Ich komm bei 8 grade noch hoch. Ich halte ihn wieder auf Distanz. Die nächsten paar Runden laß ich meine Beine wieder in Form kommen. Ich entscheide die 6. Runde für mich, die 7., die 8., ich verpaß ihm einen Niederschlag in der 9. und zwei in der 10. Das nenne ich kein Unentschieden. Die nannten es ein Unentschieden. Naja, es bringt 45 Riesen. Hast du gehört, Kid? 45 Riesen. Ich bin ne große Nummer, das kannst du nicht abstreiten, oder?«

Ann gab keine Antwort.

»Komm schon, sag, daß ich ne große Nummer bin.«

»Also gut, du bist ne große Nummer.«

»Na, das hört sich doch schon besser an.« Jack ging zu ihr hinüber und küßte sie noch einmal. »Ich fühl mich richtig gut. Boxen ist eine Kunst, wirklich. Man muß Mumm haben, um ein großer Künstler zu sein, und man muß Mumm haben, um ein großer Boxer zu sein.«

»Is ja gut, Jack.«

»›Is ja gut, Jack‹ . . . ist das alles, was du sagen kannst? Pattie war immer happy, wenn ich gewonnen habe. Wir waren alle beide happy, die ganze Nacht lang. Kannst du dich nicht mit mir freuen, wenn ich was gut hingekriegt habe? Zum Donnerwetter, liebst du eigentlich mich, oder liebst du die Verlierer, die halben Portionen? Ich glaube, du würdest dich mehr freuen, wenn ich als Verlierer hier reinkäme.«

»Ich will ja, daß du gewinnst, Jack. Wenn du bloß nicht so darauf rumreiten würdest . . .«

»Verdammt, es ist mein Beruf. Es ist mein Leben. Ich bin stolz darauf, daß ich der Beste bin. Es ist wie wenn man fliegt, wie wenn man rauf in den Himmel fliegt und der Sonne eine reinwuchtet.«

»Was wirst du machen, wenn du mal nicht mehr boxen kannst?«

»Ach was, wir werden genug Geld haben, um uns leisten zu können, was wir wollen.«

»Außer miteinander auszukommen, vielleicht.«

»Vielleicht kann ich mir angewöhnen, den ›Cosmopolitan‹ zu lesen und was für meine Bildung zu tun.«

»Na, da wäre auch einiges zu tun.«

»Fuck you.«

»Was?«

»Fuck you.«

»Naja, das ist auch sowas, das hast du schon ne ganze Weile nicht mehr getan.«

»Manche Typen stehen drauf, keifende Weiber zu ficken. Ich nicht.«

»Pattie hat wohl nie gekeift, was?«

»Alle Weiber keifen rum, aber du bist der Champion.«

»Na, warum gehst du nicht einfach zu Pattie zurück?«

»Jetzt hab ich dich da. Ich kann hier immer nur eine Hure unterbringen.«

»Hure?«

»Hure.«

Ann stand auf, ging zum Schrank, holte ihren Koffer heraus und begann ihre Kleider reinzustopfen. Jack ging in die Küche und holte sich eine neue Flasche Bier. Ann heulte vor Wut. Jack setzte sich und nahm einen tiefen Schluck aus seiner Flasche. Er brauchte einen Whisky, er brauchte eine Flasche Whisky. Und eine gute Zigarre.

»Den Rest von meinen Sachen kann ich mal abholen, wenn du nicht da bist.«

»Nicht nötig. Ich laß dirs schicken.«

An der Tür blieb sie stehen.

»Na, ich schätze, das wars dann.«

»Sieht so aus«, sagte Jack.

Sie machte die Tür hinter sich zu, und dann war sie

weg. Alles wie gehabt. Jack trank sein Bier aus und ging ans Telefon. Er wählte Patties Nummer. Sie war zuhause.

»Pattie?«

»Oh, Jack, wie gehts?«

»Ich hab den großen Fight heute abend gewonnen. Knappe Entscheidung. Jetzt muß ich bloß noch Parvinelli hinter mich bringen, dann krieg ich den Champion.«

»Du wirst sie beide fertigmachen, Jack. Ich weiß, daß du's bringen kannst.«

»Was machst du heute abend, Pattie?«

»Es ist 1 Uhr morgens, Jack. Hast du wieder getrunken?«

»Ein paar. Ich feiere.«

»Was ist mit Ann?«

»Wir sind auseinander. Ich geb mich nie mit zwei Frauen gleichzeitig ab. Das weißt du doch, Pattie.«

»Jack ...«

»Ja?«

»Ich bin mit einem Kerl zusammen.«

»Mit einem Kerl?«

»Toby Jorgenson. Er ist im Schlafzimmer ...«

»Oh, tut mir leid.«

»Mir auch, Jack. Ich hab dich geliebt ... vielleicht liebe ich dich immer noch.«

»Oh shit, ihr Weiber schmeißt wirklich um euch mit diesem Wort ...«

»Tut mir leid, Jack.«

»Schon gut.« Er legte auf. Dann ging er zum Schrank und holte seine Jacke heraus. Er zog sie an, trank das Bier aus, fuhr mit dem Fahrstuhl nach unten und stieg in seinen Wagen. Er fuhr mit 100 die Normandie rauf und parkte am Hollywood Boulevard vor dem Spirituosenladen. Er stieg aus und ging hinein. Er nahm sich eine Sechserpackung Michelob und eine Schachtel

Alka-Seltzer aus dem Regal. Von dem Verkäufer am Stand ließ er sich eine kleine Flasche Jack Daniels geben. Während der Verkäufer den Kassenbon tippte, kam ein Betrunkener mit zwei Sechserpackungen Coors an.

»He, Mann!«, sagte er zu Jack. »Bist du nicht Jack Backenweld? Der Boxer?«

»Bin ich«, antwortete Jack.

»Mann, ich hab deinen Fight heute abend gesehn. Jack, du hast wirklich Mumm. Bist echt ne große Nummer!«

»Danke, Mann«, sagte er zu dem Betrunkenen. Dann nahm er seine Einkaufstüte und ging damit zu seinem Wagen. Er setzte sich rein, schraubte den Verschluß des Daniels ab und genehmigte sich einen guten Schluck. Dann setzte er rückwärts raus, fuhr den Hollywood nach Westen, und als er links in die Normandie einbog, fiel ihm ein gut gebauter Teenager auf. Das Girl stolperte mit Schlagseite die Straße runter. Er hielt an, zog die Flasche Whisky aus der Tüte und zeigte sie ihr.

»Soll ich dich ein Stück mitnehmen?«

Jack war überrascht, als sie einstieg. »Die hier helf ich Ihnen austrinken, Mister. Aber keine Zugaben.«

»Teufel auch, nee«, sagte Jack.

Er fuhr mit 55 Stundenkilometern die Normandie entlang, ein ehrenwerter Bürger und Dritter auf der Weltrangliste im Halbschwergewicht. Für einen Augenblick hatte er das Bedürfnis, ihr zu sagen, mit wem sie da im Wagen saß, doch dann überlegte er es sich anders, langte rüber und massierte ihr das Knie.

»Ham Sie ne Zigarette, Mister?«, fragte sie.

Er schnickte eine aus der Packung und drückte den Zigarettenanzünder am Armaturenbrett rein. Der Anzünder schnalzte heraus, und er gab ihr Feuer.

Das ausbruchsichere Paradies

Ich saß in einer Bar an der Western Avenue. Es war gegen Mitternacht, und ich befand mich in meinem üblichen Zustand der Konfusion. Ich meine, ihr wißt ja, wenn sich alles gegen einen verschworen hat: Frauen, Jobs, keine Jobs, das Wetter, die Hunde. Am Ende ist man einfach irgendwie am Boden zerstört und hockt da und wartet, als würde man an der Bushaltestelle auf der Bank sitzen und auf den Tod warten.

Na, ich sitze also da, und es kommt diese Alte an, langes schwarzes Haar, gut gebaut, traurige braune Augen. Ich drehte mich nicht nach ihr um. Ich ignorierte sie, obwohl sie sich auf den Barhocker direkt neben mir setzte, wo es doch noch ein ganzes Dutzend leere Hocker gab. Um genau zu sein, wir waren die einzigen in der Bar, abgesehen vom Barkeeper. Sie bestellte sich einen trockenen Wein. Dann wollte sie wissen, was ich trinke.

»Scotch and Water.«

»Geben Sie ihm einen Scotch and Water«, sagte sie zum Barkeeper.

Tja, das war ungewöhnlich.

Sie machte ihre Handtasche auf, holte einen kleinen Drahtkäfig heraus und dann ein paar winzig kleine Menschen, die sie auf die Bar stellte. Sie waren alle so um die 8 Zentimeter hoch, und sie lebten, und sie waren ordentlich gekleidet. Es waren vier, zwei Männer und zwei Frauen.

»Die machen sie jetzt«, sagte sie. »Sie sind sehr teuer. Als ich sie erstanden habe, kosteten sie noch $ 2000 pro Stück. Inzwischen kosten sie $ 2400. Ich weiß nicht, wie man sie herstellt, aber es ist wahrscheinlich verboten.«

Die kleinen Menschen gingen auf der Bar hin und her. Plötzlich ging einer der kleinen Kerle zu einer der kleinen Frauen hin und schlug sie ins Gesicht.

»Du Zicke,« sagte er, »mit dir bin ich fertig!«

»Nein, George, das kannst du doch nicht machen!«, heulte sie. »Ich liebe dich! Ich werd' mich umbringen! Ich muß dich haben!«

»Mir ganz egal«, sagte der kleine Kerl. Er holte eine winzige Zigarette heraus und steckte sie sich an. »Ich hab ein Recht auf mein eigenes Leben.«

»Wenn du sie nicht willst«, sagte der andere kleine Kerl, »dann nehme ich sie. Ich liebe sie.«

»Ich will dich aber nicht, Marty. Ich liebe George.«

»Aber er ist ein Drecksack, Anna, ein richtiger Drecksack!«

»Ich weiß, aber ich liebe ihn trotzdem.«

Der kleine Drecksack ging zu der anderen kleinen Frau hin und küßte sie.

»Da hab ich ein Dreiecksverhältnis am Laufen«, sagte die Lady, die mir den Drink bestellt hatte. »Das da sind Marty und George, und das Anna und Ruthie. George ist groß im Lutschen, macht es wirklich gut. Marty ist irgendwie spießig.«

»Ist es nicht traurig, sich das anzusehen? Äh, wie heißt du eigentlich?«

»Dawn. Schrecklicher Name. Aber es gibt eben immer wieder Mütter, die ihren Kindern sowas antun.«

»Ich heiße Hank. Aber ist es nicht traurig ...«

»Nein, es ist gar nicht traurig, sich das anzusehen. Ich habe in meinen Liebesaffären nie viel Glück gehabt, eigentlich schauderhaftes Pech ...«

»Wir haben alle schauderhaftes Pech.«

»Scheint so. Jedenfalls, ich habe mir diese kleinen Leutchen da gekauft, und jetzt seh ich ihnen immer zu. Es ist als hätte man ein Verhältnis, aber ohne die ganzen Probleme. Nur wenn sie mit Sex anfangen, das macht mich furchtbar geil. Da wird es dann problematisch.«

»Sind sie sexy?«

»Sehr. Sehr sexy. Gott, macht mich das geil!«

»Warum läßt du sie's nicht mal machen. Ich meine, gleich hier. Wir können es uns zusammen ansehen.«

»Oh, man kann sie nicht zwingen. Sie müssen es schon von sich aus machen.«

»Wie oft machen sie's denn?«

»Oh, sie sind ziemlich gut. Sie bringen es so vier- oder fünfmal die Woche.«

Sie gingen auf der Bar hin und her. »Hör zu«, sagte Marty, »gib mir ne Chance. Gib mir doch nur ne Chance, Anna.«

»Nein«, sagte Anna, »meine Liebe gehört George. Was anderes gibt es nicht.«

George knutschte immer noch mit Ruthie herum. Er fummelte ihr jetzt an den Titten. Ruthie wurde allmählich geil.

»Ruthie wird allmählich geil«, sagte ich zu Dawn.

»Ja. Und wie.«

Ich wurde auch allmählich geil. Ich packte Dawn und küßte sie.

»Paß auf«, sagte sie, »ich will nicht, daß sie es in aller Öffentlichkeit miteinander treiben. Ich geh mit ihnen nach Hause und laß sie es dort machen.«

»Aber dann kann ich mirs nicht ansehen.«

»Tja, dann mußt du eben mitkommen.«

»In Ordnung«, sagte ich. »Gehn wir.«

Ich trank mein Glas leer, und wir gingen zusammen raus. Sie hatte die kleinen Menschen jetzt wieder im Käfig drin. Wir stiegen in ihren Wagen und stellten den Käfig zwischen uns auf die vordere Sitzbank. Ich sah mir Dawn näher an. Sie war sehr jung und schön. Sie schien auch innere Qualitäten zu haben. Weshalb hatte es mit ihren Männerbekanntschaften nie geklappt? Es gab so viele Möglichkeiten, wie etwas schiefgehen konnte. Die vier kleinen Menschen hatten sie $ 8000 gekostet. Und das nur, um von Verhältnissen mit Männern wegzukommen, ohne dann wirklich davon wegzukommen.

Das Haus war in der Nähe der Berge und machte einen gemütlichen Eindruck. Wir stiegen aus und gingen zur Haustür. Ich hielt den Käfig mit den kleinen Menschen, während Dawn die Tür aufschloß.

»Letzte Woche hab ich mir Randy Newman angehört, im Troubador. Ist er nicht großartig?«, fragte sie.

»Ja, ist er.«

Wir gingen ins vordere Zimmer, und Dawn nahm die kleinen Menschen heraus und stellte sie auf den Kaffeetisch. Dann ging sie in die Küche, wo sie den Kühlschrank aufmachte und eine Flasche Wein herausholte. Sie kam mit zwei Gläsern wieder.

»Entschuldige die Frage«, sagte sie, »aber du kommst mir ein bißchen crazy vor. Was machst du denn so?«

»Ich bin Schriftsteller.«

»Wirst du über das hier was schreiben?«

»Man wird mirs zwar nicht glauben, aber ich werde drüber schreiben.«

»Sieh mal«, sagte Dawn, »George hat Ruthie den Schlüpfer runtergezogen. Er macht Stinkfinger bei ihr. Eis?«

»Ja, ich seh's. Nee, kein Eis. Pur ist mir grade recht.«

»Ich weiß nicht«, sagte Dawn, »aber es macht mich wirklich geil, wenn ich den beiden so zusehe. Vielleicht, weil sie so klein sind. Bringt mich wirklich in Wallung.«

»Ich weiß, was du meinst.«

»Sieh mal, jetzt steigt George bei ihr drüber.«

»Er bringts, was?«

»Sieh dir das an!«

»Allmächtiger Gott!«

Ich packte Dawn. Wir standen da und küßten uns. Ihre Augen gingen ständig zwischen meinen und den beiden Leutchen hin und her.

Klein-Marty und Klein-Anna sahen ebenfalls zu.

»Sieh mal«, sagte Marty, »die beiden sind am Machen. Da können wirs ja auch machen. Sogar die großen Leute werden es gleich machen. Sieh die dir an!«

»Hast du das gehört?«, frage ich Dawn. »Die sagen, wir würden es gleich machen. Ist das wahr?«

»Das will ich hoffen, daß das wahr ist«, sagte Dawn.

Ich bugsierte sie rüber zur Couch und krempelte ihr das Kleid bis zu den Hüften hoch. Ich küßte ihren Hals. »Ich liebe dich«, sagte ich.

»Wirklich? Wirklich?«

»Ja, irgendwie, ja ...«

»Na schön«, sagte Klein-Anna zu Klein-Marty, »da können wirs ja auch machen. Aber lieben tu ich dich trotzdem nicht.«

Sie umarmten sich mitten auf dem Kaffeetisch. Ich hatte inzwischen Dawns Schlüpfer runter. Dawn stöhnte. Die kleine Ruthie stöhnte. Marty machte sich an Anna zu schaffen. Überall passierte es. Mir kam der Gedanke, daß es in diesem Augenblick die gesamte Erdbevölkerung machte. Dann vergaß ich den Rest der Welt. Irgendwie kamen wir ins Schlafzimmer rein. Dann stieg ich bei Dawn auf, für den langen langsamen Ritt ...

Als sie aus dem Badezimmer kam, las ich gerade eine entsetzlich langweilige Story im ›Playboy‹.

»Ach, war das gut«, sagte sie.

»Gern geschehen«, antwortete ich.

Sie kam wieder zu mir ins Bett. Ich legte das Magazin weg.

»Meinst du, wir beide könnten es schaffen?«, fragte sie.

»Was meinst du damit?«

»Ich meine, würdest du uns beiden ne Chance geben, für länger?«

»Ich weiß nicht. Es passiert immer mal was. Der Anfang ist immer am leichtesten.«

Dann hörten wir aus dem vorderen Zimmer einen Schrei. »Oh je«, sagte Dawn. Sie sprang aus dem Bett und rannte hinaus. Ich folge ihr. Als ich ins andere Zimmer kam, stand sie da und hielt George in ihren Händen.

»Oh mein Gott!«

»Was ist passiert?«

»Anna hat ihn eingemacht!«

»Was hat sie denn gemacht?«

»Sie hat ihm die Eier abgeschnitten! George ist ein Eunuch!«

»Wow!«

»Bring mir Klopapier, schnell! Er verblutet mir sonst!«

»Dieser Dreckskerl«, sagte die kleine Anna auf dem Kaffeetisch. »Wenn ich George nicht haben kann, dann soll ihn niemand haben!«

»Jetzt hab ich euch beide für mich!«, sagte Marty.

»Nein, du mußt zwischen uns wählen«, sagte Anna.

»Welche von uns beiden soll es sein?«, fragte Ruthie.

»Ich liebe euch alle beide«, sagte Marty.

»Er blutet jetzt nicht mehr«, sagte Dawn. »Er ist ohnmächtig geworden.« Sie wickelte George in ein Taschentuch und legte ihn auf den Kaminsims.

»Ich meine«, sagte Dawn zu mir, »wenn du nicht glaubst, daß wirs schaffen können, dann will ich mich bei dem Thema nicht länger aufhalten.«

»Ich glaube, ich liebe dich, Dawn.«

»Sieh doch«, sagte sie, »Marty und Ruthie umarmen sich!«

»Werden sie's machen?«

»Ich weiß nicht. Aber sie sind anscheinend in Stimmung.«

Dawn nahm Anna vom Tisch und steckte sie in den Drahtkäfig.

»Laß mich hier raus! Ich werd' sie alle beide umbringen! Laß mich hier raus!«

George stöhnte in seinem Taschentuch auf dem Kaminsims. Marty hatte Ruthies Schlüpfer runter. Ich riß Dawn an mich. Sie war jung und schön und hatte innere Qualitäten. Es sah so aus, als könnte ich mich wieder verlieben. Es war möglich. Wir küßten uns. Ich fiel in ihre Augen rein. Dann stand ich auf und begann wegzurennen. Ich wußte, wo ich war. Eine Wanze liebte einen Adler. Die Zeit war ein Idiot mit einem Banjo. Ich rannte weiter. Ihr langes Haar fiel mir übers Gesicht.

»Ich bring sie alle um!«, kreischte die kleine Anna. Sie warf sich gegen die Gitterstäbe ihres Käfigs. Es war 3 Uhr morgens.

Politik

Am Los Angeles City College, kurz vor Ausbruch des Zweiten Weltkriegs, spielte ich den Nazi. Ich konnte Hitler kaum von Herkules unterscheiden, aber das störte mich nicht im geringsten. Ich fand es ganz einfach langweilig, im Unterricht zu sitzen und mir von all diesen Patrioten predigen zu lassen, wir sollten da rüber und dieser Bestie den Garaus machen. Ich beschloß, in Opposition zu gehen. Ich machte mir erst gar nicht die Mühe, den Kram von Adolf nachzulesen – ich faselte einfach irgendwelches Zeug, das mir entsprechend bösartig und wahnwitzig erschien.

In Wirklichkeit hatte ich keinerlei politische Überzeugungen. Es war einfach eine Möglichkeit, sich auszutoben. Ein Mensch, der etwas tut, ohne daran zu glauben, erzielt manchmal viel interessantere Ergebnisse, denn er kann seine Emotionen dabei aus dem Spiel lassen.

Es dauerte nicht lange, da hatten all die hochgewachsenen blonden Boys die Abraham Lincoln Brigade auf die Beine gestellt – um die faschistischen Horden in Spanien aufzuhalten. Und dann kriegten sie von richtig ausgebildeten Truppen den Arsch in Fetzen geschossen. Manche von ihnen wollten nur mal Spanien kennenlernen und Abenteuer erleben, aber den Arsch kriegten sie trotzdem in Fetzen geschossen. Ich mochte meinen Arsch. Ich mochte sonst eigentlich nicht viel an mir, aber ich mochte meinen Arsch, und meinen Hammer.

Während des Unterrichts sprang ich auf und schwadronierte, was mir gerade so einfiel. Gewöhnlich hatte es etwas mit der Herrenrasse zu tun, die ich als Idee ganz amüsant fand. Über die Schwarzen und die Juden zog ich jedoch nicht ausdrücklich her, denn ich sah, daß sie genauso ratlos und arm dran waren wie ich selbst. Aber ich brachte ein paar verwegene Reden an, während und außerhalb des Unterrichts; und die Flasche Wein, die ich immer in meinem Kleiderspind zu stehen hatte, half mir dabei. Ich war überrascht, wie viele Leute mir zuhörten und wie selten ich mit meinen Äußerungen auf Kritik stieß. Also führte ich eben das große Wort und stellte mit Befriedigung fest, daß das L. A. City College ganz unterhaltsam sein konnte.

»Wirst du für die Wahl zum Schulsprecher kandidieren, Chinaski?«

»Shit, nee.«

Ich wollte überhaupt nichts. Ich wollte nicht einmal am Schulsport teilnehmen. Im Gegenteil, das war das allerletzte, was ich tun wollte – zum Sport erscheinen und schwitzen und einen Sackschutz tragen und Schwanzlängen vergleichen. Ich wußte, daß meiner nur mittelprächtig war. Um mir darüber Klarheit zu verschaffen, brauchte ich nicht erst am Sport teilzunehmen.

Wir hatten Glück. Das College beschloß, eine Einschreibegebühr von zwei Dollar zu erheben. Wir entschieden – oder jedenfalls ein paar von uns –, daß das verfassungswidrig war. Also zahlten wir nicht. Wir streikten dagegen. Das College ließ uns am Unterricht teilnehmen, strich uns aber einige unserer Privilegien. Eines davon war der Schulsport.

Zur Sportstunde rückten wir in Zivil an. Der Sportlehrer hatte Anweisung, uns in militärischer Formation auf und ab marschieren zu lassen. Das war denen ihre Rache? Na, fabelhaft. Ich brauchte keine Runden zu drehen, bis mir der Schweiß in die Arschspalte reinlief, und ich brauchte auch keine blödsinnigen Basketbälle in einen blödsinnigen Korb zu werfen.

Wir marschierten auf und ab, jung, voll Haß, voll Wahnsinn, geil bis in die Zehenspitzen, aber ohne ne Möse in Sicht, am Rand des Krieges. Je weniger man an das Leben glaubte, desto weniger hatte man zu verlieren. Ich hatte nicht viel zu verlieren. Ich und mein mittelprächtiger Schwanz.

Wir marschierten und improvisierten wüste Songs dazu, und die guten amerikanischen Boys im Football-Team drohten uns Prügel an, aber irgendwie ließen sie es dann immer sein. Wahrscheinlich weil wir größer und streitsüchtiger waren als sie. Für mich war es ein wunderbares Gefühl: hier gab ich den großen Nazi ab, und gleichzeitig beschwerte ich mich lauthals darüber, daß man mir meine verfassungsmäßig garantierten Rechte beschnitt.

Gelegentlich wurde ich auch schon mal emotional. Ich erinnere mich, einmal während des Unterrichts, ich hatte ein bißchen zuviel Wein intus, da sagte ich mit einer Träne im Auge: »Ich verspreche euch, das wird nicht der letzte Krieg sein. Sobald man einen Feind beseitigt hat, entdeckt man schon wieder einen neuen. Ein endloser und sinnloser Kreislauf. Und es ist nicht drin, daß man sagt, der eine Krieg ist gut und der andere ist schlecht.«

Ein andermal hörte ich mir einen Kommunisten an, der auf einem leerstehenden Grundstück südlich vom Campus eine Rede hielt. Ich hatte einige meiner Gefolgsleute bei mir. Einer von ihnen war ein Weißrusse namens Zirkoff, sein Vater oder Großvater war während der russischen Revolution von den Roten umgenietet worden. Er hatte faule Tomaten mitgebracht, eine ganze Tüte voll, und zeigte sie mir. »Wenn du das Zeichen gibst«, sagte er, »fangen wir an, damit zu schmeißen.«

Mir wurde plötzlich klar, daß meine Jünger dem Redner überhaupt nicht zugehört hatten; oder wenn sie zugehört hatten, dann waren seine Worte an ihnen abgeprallt. Sie hatten ihre Weltanschauung bereits fix und fertig. So war es mit den meisten auf der Welt. Einen mittelprächtigen Schwanz zu haben, schien mir plötzlich nicht mehr die schlimmste Sünde auf Erden zu sein.

»Zirkoff«, sagte ich, »tu die Tomaten weg.«

»Scheiße«, sagte er, »ich wünschte, es wären Handgranaten.«

An diesem Tag fielen meine Jünger von mir ab. Sie begannen mit ihren Tomaten zu werfen, und ich ging weg.

Ich erfuhr, daß eine neue Partei des Fortschritts gegründet werden sollte. Man nannte mir eine Adresse in Glendale. Dort ging ich dann am Abend hin, und wir saßen im Keller eines weitläufigen Hauses herum, mit unseren Weinflaschen und unseren unterschiedlich großen Schwänzen.

Es gab ein Podium mit einem Vorstandstisch drauf, und dahinter hatte man ein großes Sternenbanner über die Wand drapiert. Ein gutgenährter amerikanischer Boy stieg aufs Podium und meinte, wir sollten damit beginnen, daß wir die Fahne grüßen und den Fahneneid sprechen.

Das mit dem Fahneneid hatte ich noch nie ausstehen können. Es war derart öde und dämlich. Ich hatte dabei immer das Bedürfnis, lieber einen Eid auf mich selber zu schwören. Aber da waren wir nun einmal, und wir standen auf und brachten es hinter uns. Dann die obligatorische kleine Pause, und dann hockte sich alles wieder hin, und jeder hatte das Gefühl, als sei ihm gerade ein unsittlicher Antrag gemacht worden.

Der gutgenährte Amerikaner begann eine Rede zu halten. Ich erkannte ihn wieder. Es war der dicke Kerl, der im Theater-Workshop immer in der ersten Reihe saß. Solchen Typen hatte ich noch nie über den Weg getraut. Schleimscheißer. Astreine Schleimscheißer. Er fing an: »Der kommunistischen Bedrohung *muß* Einhalt geboten werden. Wir sind hier zusammengekommen, um entsprechende Schritte zu unternehmen. Wir werden zu diesem Zweck legale Schritte unternehmen, und vielleicht auch Schritte außerhalb der Legalität . . .«

Von dem Rest ist mir nicht viel in Erinnerung geblieben. Die kommunistische Bedrohung war mir so egal wie die nazistische. Ich wollte einen saufen, ich wollte ficken, ich wollte ein gutes Essen, ich wollte mit einem Glas Bier in einer verdreckten Bar sitzen und singen und eine Zigarre rauchen. Ich hatte nicht das richtige Bewußtsein. Ich war ein Dorftrottel, ein Werkzeug.

Hinterher ging ich mit Zirkoff und einem weiteren ehemaligen Gefolgsmann hinunter in den Westlake Park, und wir mieteten uns ein Boot und versuchten eine Ente fürs Abendessen zu fangen. Wir soffen uns schwer einen an und fingen keine Ente, und als wir unser Geld zusammenlegten, reichte es nicht mehr für die Bootsmiete.

Wir dümpelten auf dem seichten See herum und spielten Russisches Roulette mit Zirkoffs Revolver und kamen alle glücklich dabei über die Runden. Dann stellte sich Zirkoff stockbesoffen im Mondschein hin und schoß ein enormes Loch in den Boden des Kahns. Das Wasser lief herein, und wir paddelten in Richtung Land. Auf halbem Wege sank der Kahn, und wir mußten aussteigen und mit nassen Ärschen an Land waten. So war es also doch noch ein guter Abend geworden, und wir hatten die Zeit nicht nutzlos vertan ...

Ich spielte dann den Nazi noch einige Zeit weiter, ohne für Nazis oder Kommunisten oder Amerikaner etwas übrig zu haben. Doch allmählich verlor ich das Interesse daran. Und kurz vor Pearl Harbor ließ ich es endgültig sein. Es machte keinen Spaß mehr. Ich spürte, daß es zum Krieg kommen würde, und es war mir nicht besonders danach zumute, in den Krieg zu ziehen, aber nach Kriegsdienstverweigerung war mir auch nicht besonders zumute. Es war alles Scheiße. Es war sinnlos. Mein mittelprächtiger Schwanz und ich mußten uns auf Trouble gefaßt machen.

Ich saß im Unterricht, sagte nichts, wartete ab. Meine Mitschüler und die Lehrer versuchten mich zu provozieren. Ich hatte meinen Drive verloren, meinen Dampf, meinen Nerv. Ich spürte, daß ich an der ganzen Sache nichts mehr ändern konnte. Es würde so und so passieren. Sämtliche Schwänze mußten sich auf Trouble gefaßt machen.

Meine Englischlehrerin, eine recht nette Lady mit wundervollen Beinen, bat mich eines Tages nach dem Unterricht zu sich. »Was ist los mit Ihnen, Chinaski?«, fragte sie. »Ich habs aufgegeben«, sagte ich. »Sie meinen, die Politik?«, fragte sie. »Ja, die Politik«, sagte ich. »Sie würden einen guten Matrosen abgeben«, sagte sie. Ich ging raus ...

Als es passierte, saß ich gerade mit meinem besten Freund, einem Marinesoldaten, downtown in einer Bar beim Bier. Es gab ein Radio, in dem Musik lief, dann wurde die Musik unterbrochen. Man berichtete uns, Pearl Harbor sei gerade bombardiert worden. Es wurde bekanntgegeben, alle Angehörigen der Streitkräfte hätten sich sofort in ihren Standorten zurückzumelden. Mein Freund bat mich, ihn auf der Busfahrt nach San Diego zu begleiten. Er meinte, das könnte vielleicht das letzte Mal sein, daß ich ihn lebend sehe. Er behielt recht.

Liebe für $ 17.50

Roberts erste Wunschvorstellung – als er an solche Dinge zu denken begann – war ein nächtlicher Einbruch ins Wachsfigurenkabinett, um es dort mit den wächsernen Damen zu treiben. Nur, das erschien ihm zu riskant. Deshalb beschränkte er sich darauf, es in seinen sexuellen Fantasien mit Statuen und Schaufensterpuppen zu machen und in seiner Fantasiewelt zu leben.

Eines Tages, als er an einer Ampel warten mußte, sah er in einen Ladeneingang hinein. Es war einer von diesen Läden, die alles mögliche verkaufen – Schallplatten, Sofas, Bücher, Nippes und sonstigen Kram. Da sah er sie stehen, in einem langen roten Kleid. Sie trug eine randlose Brille, war gut gebaut; vornehm und sexy, so wie sie früher mal waren. Ein richtiges Klasseweib. Dann wurde es Grün, und er mußte weiterfahren.

Robert parkte in der nächsten Seitenstraße und ging zum Laden zurück. Er stellte sich draußen vor den Zeitschriftenständer und sah zu ihr hinein. Sogar ihre Augen wirkten echt, und der Mund war sehr impulsiv, ein bißchen schmollend.

Robert ging hinein und sah die Platten durch. Er war jetzt ganz in ihrer Nähe und warf ihr verstohlene Blicke zu. Nein, sowas wie die war längst zu einer Rarität geworden. Sogar hochhackige Schuhe hatte sie an.

Die Verkäuferin kam zu ihm her. »Was darf es sein, Sir?«

»Ich seh mich nur ein bißchen um.«

»Wenn ich Ihnen etwas zeigen kann, lassen Sie michs nur wissen.«

»Mach ich.«

Robert ging zu der Schaufensterpuppe hin. Es hing kein Preisschild dran. Er fragte sich, ob man sie wohl kaufen konnte. Er ging wieder zu den Schallplatten zurück, griff sich ein billiges Album heraus und bezahlte bei der Verkäuferin.

Als er das nächste Mal in den Laden kam, stand die Schaufensterpuppe immer noch da. Robert ging ein bißchen herum, kaufte sich schließlich einen Aschenbecher in Form einer zusammengerollten Schlange und ging wieder.

Beim dritten Mal fragte er das Girl im Laden: »Ist die Schaufensterpuppe zu verkaufen?«

»Die Schaufensterpuppe?«

»Ja, die Schaufensterpuppe.«

»Sie wollen sie kaufen?«

»Ja. Sie verkaufen hier doch Sachen, nicht? Ist die Schaufensterpuppe zu verkaufen?«

»Kleinen Augenblick, Sir.«

Das Girl ging in den hinteren Teil des Ladens. Ein Vorhang teilte sich, und ein alter Jude trat heraus. An seinem Hemd fehlten die beiden unteren Knöpfe, man konnte seinen haarigen Bauch sehen. Er schien ein ganz netter Mensch zu sein.

»Sie möchten die Schaufensterpuppe, Sir?«

»Ja. Ist sie zu verkaufen?«

»Nun ja, eigentlich nicht. Sehen Sie, es ist sozusagen ein Dekorationsstück, ein Scherz.«

»Ich möchte sie kaufen.«

»Tja, lassen Sie mich mal sehen ...« Der alte Jude ging hinüber und begann die Puppe zu betasten, das Kleid, die Arme. »Lassen Sie mich mal sehen ... ich denke, für $ 17.50 kann ich Ihnen dieses ... Stück ... überlassen.«

»Ich nehme sie.« Robert zückte einen Zwanziger. Der Ladeninhaber zählte ihm das Wechselgeld hin.

»Sie wird mir fehlen«, sagte er. »Manchmal könnte man fast meinen, sie sei lebendig. Soll ich sie Ihnen einpacken?«

»Nein danke, ich nehme sie so wie sie ist.«

Robert nahm die Puppe und trug sie hinaus zu seinem Wagen. Er legte sie auf den Rücksitz. Dann stieg er ein und fuhr zu seiner Wohnung. Als er ankam, schien glücklicherweise niemand in der Nähe zu sein, und er kam ungesehen mit ihr durch die Tür. Er stellte sie mitten ins Zimmer und sah sie an.

»Stella«, sagte er, »Stella, du Flittchen!«

Er ging hin und schlug sie ins Gesicht. Dann packte er ihren Kopf und küßte sie. Sie ließ sich gut küssen. Sein Penis begann gerade hart zu werden, als das Telefon klingelte. »Hallo«, meldete er sich.

»Robert?«

»Yeah. Klar.«

»Hier is Harry.«

»Wie gehts, Harry?«

»Gut, und was machst du?«

»Nichts.«

»Ich hab mir gedacht, ich komm mal vorbei und bring ein paar Dosen Bier mit.«

»Okay.«

Robert legte auf, nahm die Schaufensterpuppe und verwahrte sie im Schrank. Er steckte sie ganz hinten rein und schloß die Schranktür ab.

Harry wußte nicht viel zu sagen. Er saß nur da mit seiner Dose Bier. »Wie gehts Laura«, fragte er.

»Oh«, sagte Robert, »zwischen Laura und mir ist es aus.«

»Was war denn?«

»Hat mir zuviel den Vamp rausgekehrt. Immer auf der Bühne. Sie konnte nicht genug kriegen. Überall hat sie sich an Kerle rangeschmissen – beim Kaufmann, auf der Straße, im Café, überall. Jeder war ihr recht. Egal wer er war, Hauptsache es war ein Mann. Sie flog sogar auf einen Typ, der bloß die falsche Nummer gewählt hatte. Ich konnte es nicht mehr ausstehen.«

»Bist du jetzt solo?«

»Nee, ich hab ne andere. Brenda. Du kennst sie.«

»Oh ja, Brenda. Die ist ganz in Ordnung.«

Harry saß da und trank Bier. Harry hatte nie etwas mit Frauen gehabt, aber er redete ständig darüber. Harry hatte etwas Abstoßendes an sich. Robert gab sich keine Mühe, die Unterhaltung in Gang zu halten, und Harry ging bald wieder. Robert ging zum Schrank und nahm Stella heraus.

»Du gottverdammte Hure!«, sagte er. »Du hast mich betrogen, stimmts?«

Stella gab keine Antwort. Sie stand da und gab sich ganz kühl und etepetete. Er verpaßte ihr eine saftige Ohrfeige. Da mußte schon viel passieren, ehe eine Frau einen Bob Wilkenson ungestraft betrügen konnte. Er verpaßte ihr noch eine saftige Ohrfeige.

»Fotze! Du würdest einen vierjährigen Jungen fikken, wenn er seinen Pimmel hochkriegen könnte, stimmts?«

Er ohrfeigte sie nochmal, packte sie dann und küßte sie. Er küßte sie wieder und wieder. Dann griff er ihr mit beiden Händen unters Kleid und betastete sie. Sie war gut gebaut, sehr gut gebaut. Sie erinnerte ihn an eine Lehrerin, die er einmal an der Highschool in Mathematik gehabt hatte.

Stella hatte keine Schlüpfer an.

»Du Hure«, sagte er, »wer hat dir deine Schlüpfer ausgezogen?«

Dann stand sein Penis und drückte vorne gegen sie. Sie hatte keine Öffnung da unten. Doch Robert war enorm in Hitze. Er steckte ihn zwischen ihre Schenkel. Es war glatt und eng dort. Er machte drauflos. Für einen kurzen Augenblick kam er sich dabei äußerst blöde vor, doch dann übermannte ihn seine Leidenschaft, und er begann sie am Hals zu küssen, während er sie unten bearbeitete.

Robert putzte Stella mit einem Spüllappen ab, stellte sie hinter einen Mantel im Schrank, schloß die Schranktür ab und erwischte gerade noch das letzte

Drittel der Fernsehübertragung vom Spiel der Detroit Lions gegen die L. A. Rams.

Mit der Zeit ließ es sich für Robert ganz gut an. Er nahm einige Verbesserungen vor. Er kaufte Stella mehrere Schlüpfer, einen Strumpfgürtel, hauchdünne Nylons, ein Kettchen fürs Fußgelenk.

Er kaufte ihr auch Ohrringe, war aber ziemlich schockiert, als er feststellte, daß sie überhaupt keine Ohren hatte. Eine Menge Haar, aber keine Ohren darunter. Er machte die Ohrringe trotzdem an, mit Klebestreifen. Doch es gab auch Vorteile – er mußte mit ihr nicht essen gehen, auf keine Parties, in keine langweiligen Filme; all diese platten Dinge, die einer Frau im allgemeinen so viel bedeuteten. Es gab auch Streit. Es mußte immer Streit geben, selbst mit einer Schaufensterpuppe. Sie war nicht gerade redselig, aber er war sich sicher, daß sie einmal zu ihm sagte: »Du bist der größte Liebhaber von allen. Dieser alte Jude, das war ein Langweiler. Du liebst mit Seele, Robert.«

Ja, sie hatte ihre Vorteile. Sie war nicht wie all die anderen Frauen, die er gekannt hatte. Sie wollte nicht mit ihm ins Bett, wenn er gerade keine Lust dazu hatte. Er konnte sich die Zeit aussuchen. Und sie kriegte keine Periode. Das kam ihm besonders gelegen, denn er machte es ihr ausgiebig mit dem Mund. Er schnitt ihr ein Büschel Kopfhaare ab und klebte es ihr zwischen die Schenkel.

Es war von Anfang an ein intimes Verhältnis, aber mit der Zeit spürte er, daß er sie zu lieben begann. Er dachte daran, einen Psychiater aufzusuchen, ließ das Vorhaben aber wieder fallen. Schließlich mußte man ja nicht unbedingt einen richtigen Menschen lieben, oder? Das dauerte nie lange. Es gab zu viele unterschiedliche Sorten von Menschen, und was als Liebe begann, endete allzuoft in einem Krieg.

Außerdem mußte er nicht mit Stella im Bett liegen und sich anhören, was sie von ihren verflossenen Liebhabern zu erzählen hatte. Daß Karl so ein großes Ding dahängen hatte, ihr aber nie die Möse lutschen wollte. Und daß Louie so gut tanzen konnte; Louie hätte als Ballett-Tänzer groß rauskommen können, anstatt Versicherungspolicen zu verkaufen. Und daß Marty richtig gut küssen konnte; er brachte es fertig, daß sich ihre Zungen umeinanderwickelten. Undsoweiter undsofort. Öde Scheiße. Natürlich, Stella hatte den alten Juden erwähnt. Aber auch nur dieses eine Mal.

Robert war mit Stella seit ungefähr zwei Wochen zusammen, als Brenda anrief.

»Ja, Brenda?«, antwortete er.

»Robert, du hast mich nicht angerufen.«

»Ich hatte schrecklich viel zu tun, Brenda. Ich bin zum Bezirksleiter befördert worden, und da mußte im Büro vieles umorganisiert werden.«

»Ach wirklich?«

»Ja.«

»Robert, da stimmt doch was nicht ...«

»Wie meinst du das?«

»Ich hör es an deiner Stimme. Da stimmt irgendwas nicht. Was zum Teufel ist los, Robert? Ist es eine andere Frau?«

»Nicht direkt.«

»Was soll das heißen, ›nicht direkt‹?«

»Ach Gott nee!«

»Was ist es? Was ist es? Robert, da stimmt doch was nicht. Ich komm auf der Stelle zu dir rüber.«

»Es ist doch gar nichts los, Brenda.«

»Du Mistkerl, du verheimlichst mir was! Irgendwas geht da vor. Ich komm zu dir rüber! Sofort!«

Brenda legte auf, und Robert ging zu Stella hinüber, hob sie hoch und verstaute sie im Schrank, ziemlich weit hinten. Er nahm den Mantel vom Kleiderbügel und hängte ihn über sie. Dann kam er zurück, setzte sich hin und wartete.

Brenda riß die Tür auf und kam hereingerauscht. »Also, was zum Teufel ist los? Was ist es?«

»Hör zu, Kid«, sagte er, »ist alles okay. Beruhige dich.«

Brenda war recht ordentlich gebaut. Sie hatte leichte Hängetitten, aber prima Beine und einen herrlichen Arsch. In ihren Augen lag immer so ein gehetzter, verlorener Blick. Davon würde er sie nie kurieren können. Manchmal, wenn sie sich geliebt hatten, kam so etwas wie Ruhe in ihre Augen, aber es hielt nie lange an.

»Du hast mich noch nichtmal geküßt!«

Robert erhob sich von seinem Stuhl und küßte Brenda.

»Meine Güte, das war doch kein Kuß! Was ist es?«, fragte sie. »Was ist los!«

»Nichts, überhaupt nichts ...«

»Wenn du mirs nicht sagst, schrei ich!«

»Ich sag dir doch, es ist gar nichts.«

Brenda schrie. Sie ging ans Fenster und schrie. Man konnte sie in der ganzen Nachbarschaft hören. Dann hörte sie auf.

»Mein Gott, Brenda, mach das nicht nochmal! Ich bitte dich!«

»Ich mach es wieder! Ich mach es wieder! Sag mir, was los ist, Robert, oder ich mach es wieder!«

»Also gut«, sagte er, »warte mal.«

Robert ging an den Kleiderschrank, nahm den Mantel von Stella herunter und holte sie aus ihrem Versteck.

»Was ist denn das?«, fragte Brenda. »Was ist das?«

»Eine Schaufensterpuppe.«

»Eine Schaufensterpuppe? Soll das etwa heißen ...?«

»Ja, soll es. Ich liebe sie.«

»Oh mein Gott! Du meinst ... dieses Ding? Dieses *Ding*?«

»Ja.«

»Du liebst dieses *Ding* mehr als mich? Diesen Klumpen Zelluloid, oder was weiß ich, was für'n Zeug das ist ...? Du meinst, du liebst dieses *Ding* mehr als mich?«

»Ja.«

»Ich nehme an, du gehst auch ins Bett mit ihr, hm? Ich nehme an, du machst so einiges ... mit diesem *Ding*?«

»Ja.«

»Oh ...«

Dann schrie Brenda erst richtig. Sie stand einfach da und schrie. Robert dachte, sie würde nie mehr aufhören. Dann sprang sie die Schaufensterpuppe an und begann an ihr herumzureißen und auf sie einzuschlagen. Die Puppe kippte um und fiel gegen die Wand. Brenda rannte zur Tür hinaus, stieg in ihren Wagen und raste in wilder Fahrt davon. Sie nahm die halbe Seite eines geparkten Autos mit, fing ihren Wagen ab und raste weiter.

Robert ging hinüber zu Stella. Der Kopf war abgegangen und unter einen Stuhl gerollt. Mehliges Zeug lag hier und da am Boden verstreut. Ein Arm hing lose, gebrochen, zwei Drähte standen heraus. Robert setzte sich auf einen Stuhl. Er saß einfach da. Dann stand er auf und ging ins Badezimmer, blieb dort eine Minute stehen, kam wieder heraus. Vom Flur aus konnte er den Kopf unter dem Stuhl liegen sehen. Er begann zu schluchzen. Es war schrecklich. Er wußte nicht ein noch aus. Er erinnerte sich, wie er seine Mutter und seinen Vater begraben hatte. Doch das hier war anders. Das hier war anders. Er stand da im Flur, schluchzte, wartete. Stellas Augen, groß, cool und schön, starrten ihn an.

Zwei Trinker

Ich war so zwischen 20 und 30, und obwohl ich schwer trank und nichts aß, war ich doch immer noch gut beieinander. Körperlich, meine ich, und das ist schon eine Portion Glück, wenn man sonst nicht viel zu lachen hat. Mein Hirn rebellierte gegen mein Schicksal und mein Leben, und das einzige, womit ich es besänftigen konnte, war trinken und trinken und trinken. Ich ging die Straße lang, es war staubig und dreckig und heiß, und ich glaube, es war in Kalifornien, aber ich bin mir nicht mehr sicher. Das Land ringsum war eine Wüste. Ich ging die Straße lang, meine Socken steif und brüchig und stinkend vor Schweiß, Nägel drangen mir durch die Schuhsohlen in die Füße, und ich mußte mir die Schuhe mit Pappe auslegen – Pappe, Zeitungspapier, oder was ich gerade finden konnte. Auch da kamen die Nägel irgendwann durch, und dann machte man sich entweder eine neue Einlage oder man drehte die alte um oder brachte sie irgendwie nochmal in Form.

Der Lastwagen hielt direkt neben mir. Ich kümmerte mich nicht darum und ging weiter. Der Lastwagen fuhr wieder an, und der Kerl fuhr neben mir her.

»Junge«, sagte der Kerl, »willst du einen Job?«

»Wen soll ich umlegen?«, fragte ich.

»Gar keinen«, sagte der Kerl. »Komm schon, steig ein.«

Ich ging auf die andere Seite herum, und als ich dort ankam, stand die Tür offen. Ich stieg auf das Trittbrett, zwängte mich rein, machte die Tür zu und lehnte mich in dem Ledersitz zurück. Wenigstens war ich jetzt aus der Sonne.

»Wenn du mir einen abkaust«, sagte der Kerl, »kriegst du fünf Dollar.«

Ich wuchtete ihm die Rechte in den Magen, erwischte ihn mit der Linken irgendwo zwischen Ohr und Hals, und dann kam ich noch einmal mit einer Rechten durch, die ihn voll in die Fresse traf, und der Lastwagen kam von der Straße ab. Ich packte das Lenkrad und steuerte ihn auf die Straße zurück. Dann stellte ich den Motor ab und zog die Bremse. Ich kletterte heraus und ging weiter die Straße entlang. Ungefähr fünf Minuten später fuhr der Lastwagen wieder neben mir her.

»Junge«, sagte der Kerl, »tut mir leid. Ich habs nicht so gemeint. Ich hab damit nicht gemeint, daß du ein Homo bist. Obwohl, ich meine, irgendwie hast du schon ein bißchen was von einem Homo. Muß einem ja nicht peinlich sein, wenn man ein Homo ist, oder?«

»Nee, wahrscheinlich nicht. Vorausgesetzt, man ist einer.«

»Na komm«, sagte der Kerl, »steig ein. Ich hab ne anständige Arbeit für dich. Kannst dir ein bißchen was verdienen, wieder auf die Beine kommen.«

Ich stieg ein. Wir fuhren los.

»Mußt schon entschuldigen«, sagte er. »Du hast zwar ne richtig harte Visage, aber sieh dir mal deine Hände an. Du hast Hände wie eine Frau.«

»Machen Sie sich mal keine Gedanken über meine Hände«, sagte ich.

»Naja, es ist Schwerarbeit. Eisenbahnschwellen stapeln. Schon mal Schwellen gestapelt?«

»Nee.«

»Das ist harte Arbeit.«

»Ich hab mein ganzes Leben harte Arbeit gemacht.«

»Okay«, sagte der Kerl, »okay.«

Wir fuhren schweigend weiter, der Lastwagen rukkelte hin und her. Es gab nichts als Staub. Staub und Wüste. Das Gesicht dieses Kerls machte nicht viel her, der ganze Kerl machte nicht viel her. Aber es gibt eben hin und wieder kleine Leute, die es zu ein bißchen

Prestige und Macht bringen, indem sie lange genug an einer Sache dranbleiben. Er hatte den Lastwagen, und er heuerte Leute an. Manchmal muß man sich mit so etwas abfinden.

Wir fuhren. Dann ging da so ein älterer Typ die Straße lang. Er muß um die 45 gewesen sein. Für die Straße ist das alt. Mr. Burkhart (er hatte mir seinen Namen gesagt) trat auf die Bremse und fragte den Alten: »Hey, Kumpel, willst du dir ein paar Dollar verdienen?«

»Aber ja, Sir!« sagte der Alte.

»Rück mal ein bißchen«, sagte Mr. Burkhart zu mir. »Laß ihn rein.«

Der Alte stieg ein. Er stank entsetzlich – nach Schnaps und Schweiß und Agonie und Tod. Wir fuhren weiter, bis wir zu einer kleinen Ansammlung von Gebäuden kamen. Wir stiegen mit Burkhart aus und gingen in einen Laden. Dort gab es einen Typ mit einer grünen Sonnenblende über den Augen und einem Haufen Gummiringe ums linke Handgelenk. Er hatte eine Glatze, aber seine Arme waren ein Gestrüpp von widerlich langen blonden Härchen.

»Hallo, Mr. Burkhart«, sagte er. »Ich sehe, Sie haben sich wieder ein paar Süffel an Land gezogen.«

»Hier ist die Liste, Jesse«, sagte Mr. Burkhart, und Jesse lief herum und suchte die bestellten Sachen zusammen. Das dauerte einige Zeit. Dann hatte er alles beisammen.

»Sonst noch was, Mr. Burkhart? Ein paar billige Flaschen Wein?«

»Keinen Wein für mich«, sagte ich.

»Gut«, sagte der Alte, »dann krieg ich seine Flasche dazu.«

»Das wird dir aber vom Lohn abgezogen«, sagte Burkhart.

»Mir egal«, sagte der Alte, »ziehen Sie's eben ab.«

»Bist du sicher, daß du keine Flasche willst?«, fragte mich Burkhart.

»Also gut«, sagte ich, »ich nehme eine.«

Wir hatten ein Zelt, und in der Nacht tranken wir den Wein, und der Alte schüttete mir sein Herz aus. Er hatte seine Frau verloren. Er liebte seine Frau immer noch. Er dachte ständig an sie. Eine erstklassige Frau. Er war früher Mathematiklehrer gewesen. Aber er hatte seine Frau verloren. Eine Frau wie die gabs nicht nochmal. Blah blah blah.

Ach Gott, und als wir aufwachten, fühlte sich der Alte kotzelend, und mir war auch nicht viel besser zumute, und die Sonne stand da oben, und wir gingen an unsere Arbeit: Schwellen stapeln. Man mußte sie in Gestelle reinstapeln. Der untere Teil war einfach. Doch als der Stapel dann höher wurde, mußten wir zählen. »Eins, zwei, drei«, zählte ich, und dann hatten wir das Ding oben und ließen los.

Der Alte hatte sich ein Tuch um den Kopf gebunden, und der Alkohol trieb ihm den Schweiß aus allen Poren, und das Tuch weichte durch und nahm eine dunkle Farbe an. Immer mal wieder ging mir ein Splitter von einer der Eisenbahnschwellen wie ein Messer durch den abgewetzten Handschuh und in die Handfläche. Normalerweise wäre der Schmerz nicht zum Aushalten gewesen und ich hätte aufgegeben, doch die Ermüdung stumpfte mich ab und machte mich völlig gefühllos. Ich wurde nur wütend, wenn es passierte – am liebsten hätte ich jemand umgebracht, aber wenn ich mich umsah, gab es nichts als Sand und Felsen und die sengende knallgelbe Sonne und keinen Ausweg.

Die Eisenbahngesellschaft ließ in regelmäßigen Abständen die alten Schwellen herausreißen und neue legen. Die alten Schwellen ließen sie neben den Schienen liegen. An den alten Schwellen war nicht viel kaputt, aber die Eisenbahn ließ sie da liegen, und Burkhart ließ sie von Typen wie uns in Gestelle stapeln, die er mit seinem Lastwagen wegkarrte und verkaufte. Ich nehme an, daß man allerhand damit machen konnte. Auf mancher Ranch konnte man sie dann wiederfinden, in den Boden gerammt, mit Stacheldraht dran, als Zäune. Ich nehme an, daß man sie auch noch zu was anderem verwenden konnte. Es interessierte mich nicht besonders.

Es war ein unerträglicher Job wie jeder andere, man wurde müde und wollte aufstecken, und dann wurde man noch müder und vergaß, daß man aufstecken wollte. Die Minuten waren endlos, man lebte eine ganze Ewigkeit in einer solchen Minute, keine Hoffnung, kein Ausweg, man saß in der Falle, zu blöde, um aufzustecken, und wenn man aufsteckte, dann wußte man nicht, wohin.

»Junge, ich hab meine Frau verloren. Sie war so eine wunderbare Frau. Ich muß immer noch an sie denken. Eine gute Frau, das ist das Größte auf der Welt.«

»Yeh.«

»Wenn wir bloß ein bißchen Wein hätten.«

»Wir haben keinen Wein. Wir müssen warten bis heute abend.«

»Ich frage mich, ob es jemand gibt, der für Weinsäufer Verständnis aufbringt.«

»Außer Weinsäufern niemand.«

»Glaubst du, diese Splitter in unseren Händen wandern mal bis ins Herz?«

»Keine Chance. Wir hatten noch nie Glück.«

Zwei Indianer kamen vorbei und sahen uns zu. Sie sahen uns lange zu. Als wir uns zu einer Zigarettenpause auf eine der Schwellen setzten, kam der eine Indianer zu uns her.

»Ihr macht das ganz falsch«, sagte er.

»Wieso?«, fragte ich ihn.

»Ihr arbeitet hier in der schlimmsten Hitze. Hier in der Wüste müßt ihr morgens in aller Frühe raus und eure Arbeit machen, solange es noch kühl ist.«

»Da hast du recht«, sagte ich. »Vielen Dank.«

Der Indianer hatte wirklich recht. Ich beschloß, daß wir von jetzt an früh aufstehen würden. Doch wir packten es nie. Der Alte fühlte sich von der nächtlichen Trinkerei immer viel zu elend, und ich konnte ihn nie rechtzeitig zum Aufstehen bewegen.

»Gib mir noch fünf Minuten«, sagte er immer, »nur noch fünf Minuten.«

Eines Tages war es dann schließlich soweit. Der Alte machte schlapp. Er konnte keine Schwelle mehr heben. Er entschuldigte sich immer wieder dafür.

»Is ja schon gut, Pops.«

Wir gingen zurück zum Zelt und warteten auf den Abend. Pops lag da und redete. Er redete in einer Tour von seiner Ehemaligen. Den ganzen Tag und bis in den Abend hinein hörte ich von nichts als von seiner Ehemaligen. Dann erschien Burkhart.

»Meine Güte, heute habt ihr aber nicht viel gemacht. Wie stellt ihr euch das vor? Wollt ihr hier ne ruhige Kugel schieben?«

»Wir haben es satt, Burkhart«, sagte ich. »Wir warten nur noch auf unseren Lohn.«

»Ich hätte gute Lust, euch Typen überhaupt nichts zu zahlen.«

»Wenn du deine gute Lust behalten willst«, sagte ich, »dann zahlst du.«

»Bitte, Mr. Burkhart«, sagte der Alte, »bitte, bitte, wir haben so verflucht hart gearbeitet, ehrlich wahr!«

»Burkhart weiß genau, was wir gearbeitet haben«, sagte ich. »Er hat die Stapel gezählt. Und ich hab sie auch gezählt.«

»72 Stapel«, sagte Burkhart.

»90 Stapel«, sagte ich.

»76 Stapel«, sagte Burkhart.
»90 Stapel«, sagte ich.
»80 Stapel«, sagte Burkhart.
»Is gebongt«, sagte ich.

Burkhart holte Papier und Bleistift heraus und berechnete uns Wein und Essen, Fahrt und Unterkunft. Pops und ich kamen jeder mit 18 Dollar für fünf Tage Arbeit raus. Wir nahmen sie. Und kriegten auch noch eine Freifahrt zurück in die Stadt. Freifahrt? Burkhart hatte uns reingelegt nach sämtlichen Regeln der Kunst. Aber wir konnten vom Gesetz keine Hilfe erwarten, denn wenn man kein Geld hatte, dann funktionierte das Gesetz nicht.

»Weiß Gott«, sagte der Alte, »jetzt sauf ich mir einen an. Jetzt sauf ich mir aber so richtig einen an. Du auch, Kid?«

»Ich glaube nicht.«

Wir gingen in die einzige Bar der Stadt und setzten uns hin. Pops bestellte sich einen Wein, ich ein Bier. Der Alte fing wieder von seiner Ehemaligen an, und ich setzte mich ans andere Ende der Bar ab. Eine Mexikanerin kam die Treppe herunter und setzte sich neben mich. Warum kamen sie eigentlich immer so die Treppe herunter, wie im Film? Ich kam mir richtig vor wie in einem Film. Ich bestellte ihr ein Bier. Sie sagte »Ich heiße Sherri«, und ich sagte »Das ist kein mexikanischer Name«, und sie sagte »Muß es ja nicht sein«, und ich sagte »Da hast du auch wieder recht«.

Mit ihr nach oben zu gehen kostete fünf Dollar, und sie wusch mir nicht nur vorher den Schwanz, sondern auch hinterher. Sie benutzte dazu eine kleine weiße Schüssel mit aufgemalten Küken, die sich rings um die Schüssel jagten. Um das zu verdienen, was sie in zehn Minuten anschaffte, mußte ich einen ganzen Tag arbeiten und noch einige Überstunden dranhängen. Finanziell gesehen war man mit einer Möse eindeutig besser dran als mit einem Schwanz.

Als ich die Treppe herunterkam, war dem Alten schon längst der Kopf auf die Bar gesunken. Es hatte ihn erwischt. Wir hatten den ganzen Tag noch nichts gegessen, und er hatte keine Widerstandskraft. Ein Dollar und ein paar Münzen lagen neben seinem Kopf. Einen Augenblick lang dachte ich daran, den Alten mitzunehmen, aber ich konnte ja nicht einmal für mich selbst sorgen. Ich ging hinaus. Es war kühl draußen. Ich ging nach Norden.

Es tat mir leid, daß ich Pops da zurückließ, als leichtes Opfer für die Aasgeier dieser Kleinstadt. Dann fragte ich mich, ob seine Frau jemals an ihn dachte. Ich sagte mir, daß sie es nicht tat; und wenn, dann wohl kaum in der Art, wie er an sie dachte. Die ganze Erde war voll von traurigen malträtierten Menschen wie er. Ich brauchte einen Platz zum schlafen. Das Bett der Mexikanerin war seit drei Wochen das erste Bett, in dem ich gelegen hatte.

Einige Nächte später war ich um die Erkenntnis reicher, daß die Splitter in meiner Hand zu schmerzen begannen, sobald es kalt wurde. Ich konnte jeden einzelnen genau spüren. Und es wurde weiß Gott kalt. Ich kann nicht sagen, daß ich einen Haß auf die ganze Menschheit hatte, aber ich verspürte einen gewissen Ekel, der mich von den Kunsthandwerkern und Händlern und Lügnern und Liebhabern trennte; und heute, Jahrzehnte später, verspüre ich noch den gleichen Ekel. Natürlich, das hier ist nur die Geschichte eines Einzelnen und seiner Einstellung zu den Realitäten des Lebens. Wenn Sie weiterlesen, werden Sie vielleicht die nächste Story lustiger finden. Ich hoffe es.

Maja Thurup

Über die Sache war in Presse und Fernsehen ausführlich berichtet worden, und nun sollte die Lady ein Buch darüber schreiben. Die Lady hieß Hester Adams, zweimal geschieden, zwei Kinder. Sie war 35, und man konnte vermuten, daß dies ihr letzter Versuch war. Es zeigten sich die ersten Falten, der Busen war schon seit einiger Zeit am Abschlaffen, die Waden wurden dick, man sah den Ansatz zu einem Bauch. Ganz Amerika war beigebracht worden, daß Schönheit allein in der Jugend beheimatet war, besonders beim weiblichen Geschlecht. Doch Hester hatte die dunkle Schönheit der Enttäuschung und der nahenden Resignation; das kroch überall auf ihr herum, die nahende Resignation, und gab ihr ein gewisses sexuelles Etwas, wie man es bei einer verzweifelten und langsam verblühenden Frau antrifft, die allein in einer Bar voll Männer sitzt. Hester hatte sich umgesehen, beim amerikanischen Mann wenig Anzeichen von Entgegenkommen festgestellt und einen Flug nach Südamerika gebucht. Sie war in den Dschungel gegangen mit ihrer Kamera, ihrer Reiseschreibmaschine, ihren dicker werdenden Waden und ihrer weißen Haut und hatte sich einen Kannibalen geangelt, einen schwarzen Kannibalen: Maja Thurup.

Maja Thurup hatte ein sympathisches Gesicht. Tausend Tragödien und die Nachwirkungen von tausend Besäufnissen schienen sein Gesicht geprägt zu haben. Und das stimmte auch, er hatte tausend Besäufnisse hinter sich – doch die Tragödien hatten alle dieselbe Ursache: Maja Thurup hatte einen zu großen Hammer dahängen, einen viel zu großen. Kein Mädchen seines Stammes wollte ihn ranlassen. Er hatte zwei Mädchen mit seinem Apparat zu Tode gestoßen. Die eine von vorn, die andere von hinten. Jacke wie Hose.

Maja war ein einsamer Mann, und er hatte getrunken und mit seiner Einsamkeit gehadert, bis Hester Adams eingetroffen war mit ihrem Dschungelführer und ihrer weißen Haut und ihrer Kamera. Nach dem üblichen Begrüßungszeremoniell und einigen Drinks am Lagerfeuer hatte sich Hester in Majas Hütte begeben und ihm alles abverlangt, was er zu geben hatte, und anschließend hatte sie nach mehr verlangt. Es war für beide ein Wunder, und sie wurden miteinander vermählt in einem dreitägigen Stammesritual, in dessen Verlauf gefangene Angehörige eines feindlichen Stammes geröstet und verzehrt wurden, begleitet von Tanz, Gesang und allgemeiner Trunkenheit. Nach der Zeremonie, als jeder seinen Kater überstanden hatte, begann der Trouble. Der Medizinmann hatte beobachtet, daß Hester das geröstete Fleisch des Feindes verschmähte (obwohl es mit Ananas, Oliven und Nüssen lecker angerichtet war), und er verkündete nun aller Welt, hier handle es sich nicht um eine weiße Göttin, sondern um eine Tochter des bösen Gottes Ritikan. (Vor vielen Jahrhunderten war Ritikan aus dem Stammeshimmel verstoßen worden, weil er sich geweigert hatte, etwas anderes als Gemüse, Obst und Nüsse zu essen). Diese Ankündigung führte zu einer Spaltung innerhalb des Stammes, und zwei Freunde von Maja Thurup wurden prompt ermordet, weil sie die Ansicht geäußert hatten, daß Hesters Bewältigung von Majas Riesenhammer an sich schon ein Wunder darstelle, weshalb man ihr die Weigerung, sich auch noch anderes menschliches Fleisch zu Gemüte zu führen, durchaus nachsehen könne – zumindest vorübergehend.

Hester und Maja flohen nach Amerika – nach North Hollywood, um genau zu sein –, wo Hester sogleich alles in die Wege leitete, um Maja die amerikanische Staatsbürgerschaft zu sichern. Als ehemalige Lehrerin unterwies sie ihn im Umgang mit Kleidern, der englischen Sprache, den Bier- und Weinsorten Kaliforniens, dem Fernsehen und den Nahrungsmitteln, die sie im nahegelegenen Safeway Supermarkt kauften. Maja saß nicht nur vor dem Fernseher, er trat auch selbst an der Seite von Hester im Fernsehen auf, wo sie öffentlich ihre Liebe bekundeten. Dann gingen sie zurück in ihr Apartment in North Hollywood und machten ernst mit ihrer Liebe. Hinterher saß Maja mit seinen Englischbüchern auf dem Teppich im Wohnzimmer, trank Bier und Wein, sang die Lieder seines Stammes und schlug dazu auf seine Bongotrommel. Hester arbeitete an ihrem Buch über Maja und Hester. Ein großer Verlag wartete darauf. Hester brauchte nur noch alles aufzuschreiben.

Eines Morgens, so gegen 8, lag ich zuhause im Bett, ich hatte am Tag zuvor in Santa Anita $ 40 beim Pferderennen verloren, mein Konto bei der California Federal Savings Bank zeigte starke Abmagerungserscheinungen, und ich hatte seit einem Monat keine vernünftige Story mehr geschrieben. Das Telefon klingelte. Ich schreckte hoch, würgte, hustete und nahm den Hörer ab.

»Chinaski?«

»Yeah?«

»Hier ist Dan Hudson.«

Dan war Herausgeber der Zeitschrift ›Flare‹ in Chicago. Er zahlte gut. Er war Herausgeber und Verleger in einem.

»Hallo, Dan, du Mother.«

»Paß auf, ich hab genau das Richtige für dich.«

»Klarer Fall, Dan. Um was gehts denn?«

»Ich will was über diese Schnepfe, die den Kannibalen geheiratet hat. Stell den Sex GROSS raus. Eine Mischung von Sex und Horror, verstehst du?«

»Verstehe. Das mach ich schließlich schon mein ganzes Leben.«

»Es sind 500 Dollar für dich drin, wenn du es bis zum 27. März schaffst.«

»Dan, für 500 Dollar mach ich dir Burt Reynolds zur Lesbe.«

Dan gab mir die Adresse und Telefonnummer. Ich stand auf, kippte mir Wasser ins Gesicht, schluckte zwei Alka-Seltzer, machte eine Flasche Bier auf und rief Hester Adams an. Ich sagte ihr, ich wolle ihr Verhältnis mit Maja Thurup als eine der großen Liebesgeschichten des 20. Jahrhunderts herausstellen. Für die Leser der Zeitschrift ›Flare‹. Ich versicherte ihr, das werde Maja helfen, die amerikanische Staatsbürgerschaft zu erlangen. Sie war einverstanden und bestellte mich auf 1 Uhr nachmittags.

Das Apartment lag im dritten Stock. Sie machte die Tür auf. Maja saß mit seiner Bongotrommel auf dem Fußboden und trank einen Portwein der mittleren Preiskategorie aus der Flasche. Er war barfuß, trug enge Jeans und ein weißes T-Shirt mit schwarzen Zebrastreifen. Hester hatte genau die gleiche Kluft an. Sie brachte mir eine Flasche Bier. Ich nahm mir aus der Packung Zigaretten auf dem Kaffeetisch eine raus und begann mit meinen Fragen.

»Wann haben Sie Maja kennengelernt?«

Sie nannte mir ein Datum. Sie nannte mir auch den genauen Ort und die genaue Uhrzeit.

»Wann haben Sie zum ersten Mal gemerkt, daß Sie Maja lieben? Was waren die genauen Umstände, die es auslösten?«

»Naja«, sagte Hester, »das war ...«

»Ich häng ihr das Ding rein, und sie liebt mich«, sagte Maja von seinem Teppich aus.

»Er hat ziemlich schnell Englisch gelernt, nicht?«

»Ja er ist sehr begabt.«

Maja griff sich seine Flasche und nahm einen tiefen Schluck.

»Ich häng ihr das Ding rein, sie sagt ›Oh mein Gott oh mein Gott oh mein Gott!‹ Ha, ha, ha, ha!«

»Maja ist wundervoll gebaut«, sagte sie.

»Sie kaut mich auch ab«, sagte Maja, »sie macht es gut. Tiefe Kehle, ha, ha, ha!«

»Ich verliebte mich sofort in Maja«, sagte Hester, »es waren seine Augen, sein Gesicht ... so tragisch. Und die Art, wie er sich bewegte. Er bewegt sich, naja, er hat sowas von einem Tiger in seinen Bewegungen.«

»Ficken«, sagte Maja. »Das ist alles, was wir machen. Ficken ficken ficken ficken. Steht mir schon bis hier oben.«

Maja nahm noch einen Schluck. Er sah mich an.

»Fick du sie. Ich habs satt. Großes hungriges Tunnel ist sie.«

»Maja hat einen echten Sinn für Humor«, sagte Hester. »Das ist auch so etwas, was mich gleich für ihn eingenommen hat.«

»Einzige was du eingenommen hast«, sagte Maja, »ist mein baumlanger Pißhammer.«

»Maja trinkt schon seit heute morgen«, sagte Hester, »ich muß mich für ihn entschuldigen.«

»Vielleicht sollte ich besser nochmal vorbeikommen, wenn er sich wohler fühlt.«

»Ja, ich denke, das sollten Sie.«

Hester gab mir einen Termin für den nächsten Tag, 2 Uhr nachmittags.

Auch gut. Ich brauchte sowieso noch einige Fotos. Ich kannte einen verarmten Fotografen, einen gewissen Sam Jacoby, der gut war und mir einen billigen Preis machen würde. Ich ging am nächsten Tag mit ihm hin.

Es war ein sonniger Nachmittag, und der Smog hatte sich bis auf eine dünne Schicht verzogen. Wir gingen die Treppen hinauf, und dann läutete ich. Keine Antwort. Ich läutete noch einmal. Maja machte uns auf.

»Hester nicht da«, sagte er. »Ist einkaufen.«

»Wir waren um 2 Uhr mit ihr verabredet. Ich würde gern reinkommen und auf sie warten.«

Wir gingen rein und setzten uns.

»Ich trommel euch was vor«, sagte Maja.

Er trommelte und heulte ein paar Dschungelrufe dazu. Er war recht gut. Er hatte wieder eine Flasche Portwein in Arbeit, und er trug immer noch sein zebragestreiftes T-Shirt und die Jeans.

»Ficken ficken ficken«, sagte er, »ist alles, was sie will. Sie macht mich wahnsinnig.«

»Fehlt dir der Dschungel, Maja?«

»Da kannst du Gift drauf nehmen, Daddy.«

»Aber sie liebt dich, Maja.«

»Ha, ha, ha!«

Maja spielte uns noch ein Schlagzeugsolo vor. Sogar betrunken war er noch gut.

Als Maja fertig war, sagte Sam zu mir: »Meinst du, sie hat vielleicht ein Bier im Kühlschrank?«

»Kann sein.«

»Ich hab schlechte Nerven. Ich brauch ein Bier.«

»Nur zu. Bring mir auch eins mit. Ich kauf ihr wieder welches. Hätte eigentlich was mitbringen sollen.«

Sam stand auf und ging in die Küche. Ich hörte, wie die Kühlschranktür aufging.

»Ich schreibe einen Artikel über dich und Hester«, sagte ich zu Maja.

»Nix als Loch, die Frau. Hat nie genug. Wie ein Vulkan.«

Ich hörte Sam in der Küche kotzen. Er war ein arger Trinker. Ich wußte, daß er verkatert war. Aber er war immer noch einer der besten Fotografen weit und breit. Dann war es still. Sam kam heraus. Er setzte sich hin. Er hatte kein Bier mitgebracht.

»Ich spiel nochmal Trommel«, sagte Maja. Er spielte nochmal Trommel. Er war immer noch gut. Wenn auch nicht mehr so gut wie davor. Der Wein setzte ihm allmählich zu.

»Laß uns hier verschwinden«, sagte Sam zu mir.

»Ich muß auf Hester warten«, sagte ich.

»Mann, laß uns abhauen«, sagte Sam.

»Wollt ihr Typen vielleicht Wein?«, fragte Maja.

Ich stand auf und ging in die Küche, um mir ein Bier zu holen. Sam ging mir nach. Ich ging an den Kühlschrank.

»Ich bitte dich, mach diese Tür nicht auf!«, sagte er.

Sam ging hinüber zum Ausguß und kotzte rein. Ich sah die Kühlschranktür an. Ich machte sie nicht auf. Als Sam fertig war, sagte ich: »Okay, gehn wir.«

Wir gingen ins Wohnzimmer, wo Maja immer noch hinter seiner Bongotrommel saß.

»Ich spiel nochmal Trommel«, sagte er.

»Nee danke, Maja.«

Wir gingen aus der Wohnung, die Treppen hinunter, auf die Straße raus. Wir stiegen in meinen Wagen. Ich fuhr los. Ich wußte nicht, was ich sagen sollte. Sam sagte auch nichts. Wir befanden uns im Geschäftsviertel. Ich fuhr in eine Tankstelle und sagte zu dem Mann, er solle volltanken, Normal. Sam stieg aus und ging in die Telefonzelle, um die Polizei zu verständigen. Ich sah Sam aus der Telefonzelle herauskommen. Ich bezahlte das Benzin. Ich war nicht zu meiner Story gekommen. 500 Dollar waren mir durch die Lappen gegangen. Sam kam auf mich zu. Ich wartete auf ihn.

Die Killer

Harry war gerade aus einem Güterwaggon geklettert und ging jetzt die Alameda entlang in Richtung auf Pedro's, wo er sich einen Kaffee genehmigen wollte. Es war früh am Morgen, doch er erinnerte sich, daß sie um 5 Uhr aufmachten. Bei Pedro kostete der Kaffee 5 Cents, und man konnte einige Stunden damit sitzen. Man konnte über einiges nachdenken. Man konnte sich überlegen, was man falsch gemacht hatte und was man richtig gemacht hatte.

Sie hatten auf. Die Mexikanerin, die ihm seinen Kaffee eingoß, sah ihn an, als halte sie ihn für einen Menschen. Die Armen kannten sich mit dem Leben aus. Ein gutes Girl. Naja, gut genug. Trouble bedeuteten sie alle. Alles bedeutete Trouble. Er erinnerte sich an einen Ausspruch, den er mal irgendwo gehört hatte – die Definition von Leben ist: Trouble.

Harry setzte sich an einen der alten Tische. Der Kaffee war gut. Harry war 38, und er war erledigt. Er schlürfte seinen Kaffee und erinnerte sich daran, was er falsch gemacht hatte – oder richtig. Er war es einfach leid geworden – die Tour mit den Versicherungspolicen, die kleinen Büros mit den hohen Trennwänden aus Glas, die Kunden. Er war es leid geworden, seine Frau zu betrügen, Sekretärinnen im Fahrstuhl und auf dem Flur zu kneifen; er hatte die Weihnachsparties satt, die Neujahrsparties und Geburtstage, die Ratenzahlungen für neue Wagen und Möbel, die Rechnungen für Strom, Gas, Wasser – dieses ganze blutsaugende Sortiment von Zwängen.

Er war es leid geworden und er hatte aufgesteckt, das war alles. Die Scheidung kam dann recht bald, und die Trinkerei auch, und plötzlich saß er auf der Straße.

Jetzt hatte er nichts mehr, und er mußte feststellen, daß auch das schwierig war. Er hatte sich nur eine neue Last aufgeladen. Wenn es da zwischendurch nur einen leichteren Weg gäbe. Ein Mann schien nur die Wahl zwischen zwei Dingen zu haben – die Tretmühle mitmachen oder auf der Straße landen.

Harry sah von seiner Tasse auf, als sich ein Mann ihm gegenüber an den Tisch setzte, ebenfalls mit einer Tasse Kaffee für 5 Cents. Er schien Anfang 40 zu sein. Und er war genauso schäbig gekleidet wie Harry. Der Mann drehte sich eine Zigarette, und als er sie ansteckte, sah er Harry an.

»Wie läufts denn so?«

»Das ist vielleicht ne Frage«, sagte Harry.

»Yeah, isses vermutlich.«

Sie saßen da und tranken ihren Kaffee.

»Man fragt sich, wie man in so ne Lage kommt.«

»Yeah«, sagte Harry.

»Übrigens, ich heiße William.«

»Ich heiße Harry.«

»Kannst Bill zu mir sagen.«

»Danke.«

»Du siehst mir aus, als wärst du irgendwo am Ende.«

»Ich hab diese Rumtreiberei einfach satt, bis hier oben hin.«

»Willst du wieder ein nützliches Mitglied der Gesellschaft werden, Harry?«

»Nee, das nicht. Aber ich möchte aus dem hier rauskommen.«

»Man kann ja immer noch Selbstmord machen.«

»Ich weiß.«

»Paß auf«, sagte Bill, »was wir brauchen, ist ein bißchen leichtverdientes Bargeld, damit wir mal wieder verschnaufen können.«

»Klar, aber wie?«

»Naja, es ist ein gewisses Risiko dabei.«

»Na und?«

»Ich hab mal ne Zeitiang Einbrüche gemacht. Is gar nicht schlecht. Ich könnte einen guten Partner gebrauchen.«

»In Ordnung. Ich bin so weit, daß ich zu allem bereit bin. Bloß keine seifigen Bohnen mehr, keine acht Tage alten Doughnuts, Innere Mission, Vorträge über Gott, schnarchende Penner ...«

»Unser Problem ist, wie kommen wir von hier in unser Einsatzgebiet«, sagte Bill.

»Ich hab ein paar Dollar.«

»Gut, dann treffen wir uns um Mitternacht. Hast du was zum Schreiben?«

»Nee.«

»Augenblick. Ich hol mir was.«

Bill kam mit einem Bleistiftstummel wieder. Er nahm eine Papierserviette und schrieb etwas darauf.

»Du nimmst den Bus nach Beverly Hills und sagst dem Fahrer, er soll dich hier rauslassen. Dann gehst du zwei Blocks nach Norden. Da werd ich auf dich warten. Bringst du das?«

»Ich werde da sein.«

»Hast du Frau und Kinder?«, fragte Bill.

»Hatte mal, früher.«

Es war eine kalte Nacht. Harry stieg aus dem Bus und ging die zwei Blocks nach Norden. Es war finster, sehr finster. Bill stand da und rauchte eine Selbstgedrehte. Er stand unter einem großen Busch und war von der Straße aus nicht leicht zu sehen.

»Hallo, Bill.«

»Hallo, Harry. Kanns losgehen mit deiner neuen lukrativen Beschäftigung?«

»Kann losgehen.«

»Gut. Ich hab die Gegend hier ausbaldowert. Ich

glaube, ich habe was Gutes für uns. Isoliert. Stinkt nach Geld. Hast du Angst?«

»Nee. Ich hab keine Angst.«

»Bestens. Behalt die Nerven und geh mir nach.«

Harry ging anderthalb Blocks auf dem Gehsteig hinter ihm her, dann drückte sich Bill zwischen zwei Büschen durch, und sie kamen auf eine große Rasenfläche. Sie gingen von hinten an das Haus heran, eine großzügig angelegte zweistöckige Villa. Bill blieb am hinteren Fenster stehen. Er schlitzte das Fliegengitter auf, stand regungslos da und lauschte. Es war still wie auf einem Friedhof. Bill lockerte das Fliegengitter aus dem Rahmen und hob es heraus. Dann machte er sich am Fenster zu schaffen. Er machte sich sehr lange daran zu schaffen, und Harry dachte ›Meine Güte, ich hab mich mit einem Amateur eingelassen, mit einem Spinner.‹ Dann ging das Fenster auf und Bill kletterte hinein. Harry sah, wie sein Arsch mit schlingernden Bewegungen im Fenster verschwand. ›Das ist doch lächerlich‹, dachte er. ›Sowas machen Männer?‹

»Komm schon«, sagte Bill leise von drinnen.

Harry kletterte hinein. Es stank tatsächlich nach Geld. Und nach Möbelpolitur.

»Menschenskind, Bill, jetzt hab ich aber doch Angst. Das hier ist doch sinnlos.«

»Red nicht so laut. Du willst doch keine seifigen Bohnen mehr sehen, oder?«

»Nee.«

»Na also, dann sei ein Mann.«

Harry stand da und sah zu, wie Bill vorsichtig Schubladen aufzog und Sachen in seine Taschen stopfte. Sie schienen sich im Eßzimmer zu befinden. Bill stopfte sich Löffel und Messer und Gabeln in die Taschen.

›Wie sollen wir dafür was kriegen?‹, dachte Harry.

Bill stopfte weiter das Silberzeug in seine Jackentaschen. Dann fiel ihm ein Messer herunter. Es lag kein

Teppich auf dem Fußboden, und das Geräusch war laut und deutlich zu hören.

»Ist da jemand?«

Bill und Harry verhielten sich ruhig.

»Ich sagte, ist da jemand?«

»Was ist, Seymour?«, sagte eine Mädchenstimme.

»Ich dachte, ich hätte was gehört. Ich bin von irgendwas aufgewacht.«

»Ach leg dich doch wieder hin.«

»Nein. Ich habe da was gehört.«

Harry hörte ein Bett quietschen, dann das Geräusch von Schritten. Die Tür ging auf, und der Mann kam ins Eßzimmer herein. Er hatte einen Pyjama an, ein junger Mann von ungefähr 26 oder 27 Jahren, mit einem Ziegenbart und langen Haaren.

»All right, ihr Ganoven, was habt ihr in meinem Haus zu suchen?«

Bill drehte sich zu Harry um. »Geh in dieses Schlafzimmer. Da ist vielleicht ein Telefon drin. Sorg dafür, daß sie es nicht benutzt. Ich kümmere mich um den hier.«

Harry ging in Richtung Schlafzimmer, fand die Tür, ging hinein, sah eine junge Blondine von etwa 23 Jahren in einem teuren Nachthemd, in dem ihre Brüste locker herumhingen. Auf dem Nachttisch stand ein Telefon, doch sie war nicht am Telefonieren. Sie setzte sich ruckartig auf, ihre Hand flog hoch, der Handrükken bedeckte ihren Mund.

»Schrei bloß nicht«, sagte Harry, »oder ich bring dich um.«

Er stand da und sah auf sie herunter. Er dachte an seine Frau. Sowas wie die hier würde es nie für ihn geben. Harry begann zu schwitzen, er fühlte einen leichten Schwindel. Sie starrten einander an.

Harry setzte sich aufs Bett.

»Laß meine Frau in Ruhe, oder ich bring dich um!«,

sagte der junge Mann. Bill war gerade mit ihm hereingekommen. Er hatte ihm den einen Arm auf den Rükken gedreht und drückte ihm von hinten das Messer gegen die Rippen.

»Niemand wird deiner Frau was tun, Mann. Brauchst uns nur zu sagen, wo du dein verstunkenes Geld hast, und wir gehn wieder.«

»Ich sag doch, ich hab nur das, was in meiner Brieftasche ist.«

Bill drehte ihm den Arm noch ein bißchen weiter nach oben und stach ihm das Messer ein bißchen rein. Der junge Mann machte sich steif und verzerrte das Gesicht.

»Der Schmuck«, sagte Bill, »zeig mir, wo der Schmuck ist.«

»Der ist oben ...«

»Na schön, geh vor!«

Harry sah zu, wie Bill mit ihm hinausging. Dann starrte er wieder das Girl an, und sie starrte zurück. Blaue Augen, weit aufgerissen vor Angst.

»Schrei bloß nicht«, sagte er zu ihr, »oder ich murks dich ab, ohne mit der Wimper zu zucken.«

Ihre Lippen begannen zu zittern. Sie waren blaßrosa. Dann war sein Mund auf ihrem. Er hatte einen Schnurrbart und roch ranzig und säuerlich, sie war weiß und weich und zerbrechlich und zitterte. Er hielt ihr den Kopf mit den Händen fest. Dann nahm er seinen Kopf zurück und sah ihr in die Augen. »Du Flittchen«, sagte er, »du gottverdammtes Flittchen!« Er küßte sie wieder, diesmal härter. Sie fielen zusammen nach hinten auf das Bett. Er kickte seine Schuhe weg, während er sie mit den Händen nach unten drückte. Dann zerrte er an seiner Hose, kriegte sie runter. Die ganze Zeit hielt er sie fest und küßte sie. »Du, Flittchen, du gottverdammtes Flittchen ...«

»Oh! NEIN!! Um Gotteswillen, nein! Nicht meine Frau, ihr Schweine!«

Harry hatte die beiden nicht hereinkommen hören. Der junge Mann stieß einen Schrei aus. Dann hörte Harry ein gurgelndes Geräusch. Er ließ seinen Schwanz rausrutschen und drehte sich um. Der junge Mann lag mit durchschnittener Kehle am Boden; sein Blut spritzte in rhythmischen Stößen auf die Dielen.

»Du hast ihn gekillt!«, sagte Harry.

»Er hat geschrien.«

»Deshalb hättest du ihn doch nicht killen müssen.«

»Und du nicht seine Frau vergewaltigen.«

»Ich hab sie noch nicht vergewaltigt, aber du hast ihn gekillt.«

Dann fing sie an zu schreien. Harry hielt ihr den Mund zu.

»Was machen wir jetzt?«, fragte er.

»Wir werden sie auch killen. Sie ist ein Augenzeuge.«

»Ich kann sie nicht killen«, sagte Harry.

»Dann mach ichs eben«, sagte Bill.

»Aber nicht gleich. Das wär ja Verschwendung.«

»Na dann mach los. Nimm sie dir.«

»Stopf ihr was in den Mund.«

»Das haben wir gleich«, sagte Bill. Er nahm einen Seidenschal aus der Schublade und stopfte ihn ihr in den Mund. Dann riß er vom Kopfkissenbezug einen Streifen ab und band ihr damit den Knebel fest.

»Kannst anfangen«, sagte Bill.

Das Girl leistete keinen Widerstand. Sie schien unter Schock zu stehen.

Als Harry fertig war, stieg Bill drüber. Harry sah zu. So ging es eben. So ging es überall auf der Welt zu. Wenn eine siegreiche Armee einmarschierte, nahmen sie sich die Frauen. Sie waren hier die siegreiche Armee.

Bill stieg von ihr runter. »Shit, das war wirklich gut.«

»Hör zu, Bill, wir sollten sie nicht killen.«

»Sie wird uns verpfeifen. Sie ist ein Augenzeuge.«

»Wenn wir sie leben lassen, wird sie uns nicht verpfeifen. Soviel wird es ihr wert sein.«

»Sie wird uns verpfeifen. Ich kenn mich aus mit der menschlichen Natur. Sie wird uns später verpfeifen.«

»Warum sollte sie Leute wie uns, die sowas tun, auch nicht verpfeifen.«

»Is ja meine Rede«, sagte Bill. »Warum zulassen, daß sie's tut?«

»Komm, wir fragen sie mal. Laß uns mit ihr reden. Wir fragen sie, was sie darüber denkt.«

»Ich *weiß*, was sie denkt! Ich werd sie killen.«

»Bitte tu's nicht, Bill. Laß uns doch hier ein bißchen anständig sein.«

»Bißchen anständig sein? Jetzt noch? Dazu isses zu spät. Wenn du dich wenigstens so weit beherrscht hättest, daß du deinen blöden Schwanz aus ihr raus läßt ...«

»Mach sie nicht kalt, Bill. Ich kann das nicht ... mit ansehen ...«

»Dann dreh dich um.«

»Bill, bitte ...«

»Ich hab gesagt, dreh dich um, verdammt!«

Harry drehte sich um. Es schien sich völlig lautlos abzuspielen. Minuten vergingen.

»Bill, hast du's getan?«

»Ich habs getan. Dreh dich wieder um und sieh dirs an.«

»Ich will nicht. Laß uns gehn. Laß uns hier abhauen.«

Sie stiegen durch das gleiche Fenster hinaus, durch das sie hereingekommen waren. Die Nacht war jetzt noch kälter als zuvor. Sie gingen hinten am Haus herum und dann durch die Hecke hinaus auf die Straße.

»Bill?«

»Yeah?«

»Ich fühl mich jetzt wieder OK. Als wär es nie passiert.«

»Ist aber passiert.«

Sie gingen zurück zur Bushaltestelle. Nachts verkehrte der Bus nur in großen Abständen, wahrscheinlich würden sie eine ganze Stunde warten müssen. Sie standen an der Haltestelle und sahen nach, ob einer von ihnen Blut an den Kleidern hatte, doch seltsamerweise fanden sie keins. Also drehten sie sich zwei Zigaretten und steckten sie an.

Dann spuckte Bill plötzlich seine aus.

»Verflucht! Oh verflucht nochmal!«

»Was ist los, Bill?«

»Wir haben vergessen, seine Brieftasche mitzunehmen!«

»Ach du Scheiße«, sagte Harry.

Ein Mann

George lag in seinem Wohnwagen, flach auf dem Rükken, und starrte auf den Bildschirm eines kleinen tragbaren Fernsehgeräts. Das Geschirr von seinem Mittagessen war noch nicht abgewaschen, das vom Frühstück auch nicht, er hatte eine Rasur nötig, und die Asche von seiner Selbstgedrehten fiel ihm aufs Unterhemd. Die Asche war teilweise noch heiß. Manchmal fiel sie ihm statt aufs Unterhemd auf die Haut, dann fluchte er und wischte sie weg.

Jemand klopfte an die Tür des Wohnwagens. Er stand langsam auf und öffnete. Es war Constance. Sie hatte eine kleine Flasche Whisky in einer Tüte.

»George, ich hab diesen Scheißkerl verlassen, ich habs bei diesem Scheißkerl nicht mehr ausgehalten.«

»Setz dich.«

George machte die Flasche auf, holte zwei Gläser, füllte jedes zu einem Drittel mit Whisky und zu zwei Dritteln mit Wasser. Er setzte sich mit Constance auf das Bett. Sie holte eine Zigarette aus ihrer Handtasche und steckte sie an. Sie war betrunken, und ihre Hände zitterten.

»Sein verdammtes Geld hab ich auch mitgenommen. Ich hab sein verdammtes Geld genommen und bin abgehauen, während er im Büro war. Du kannst dir nicht vorstellen, wie ich gelitten habe bei diesem Scheißkerl.«

»Pump mir mal ne Lulle.«

Sie gab ihm eine, und als sie sich vorbeugte, legte George seinen Arm um sie, zog sie zu sich her und küßte sie.

»Du Scheißtyp«, sagte sie, »du hast mir gefehlt.«

»Und ich hatte Sehnsucht nach deinen strammen Beinen, Connie. Hatte wirklich Sehnsucht nach diesen strammen Beinen.«

»Gefallen sie dir immer noch?«

»Ich werd' scharf, wenn ich sie bloß ansehe.«

»Mit einem Kerl, der aufm College war, könnte ich nie leben«, sagte Connie. »Die sind mir zu weich. Wie lappriges Toastbrot. Und wie der seine Wohnung geputzt hat. George, es war, als würde man mit einem Dienstmädchen zusammenleben. Er machte alles. In der Bude war kein Stäubchen zu finden. Bei dem hätte man ein Irish Stew direkt aus der Kloschüssel essen können. Er war *antiseptisch*, das isses, antiseptisch war er.«

»Trink was, dann geht dirs wieder besser.«

»Und bumsen konnte er auch nicht.«

»Du meinst, er kriegte ihn nicht hoch?«

»Oh, er kriegte ihn schon hoch. Er hatte dauernd einen stehen. Aber er wußte nicht, wie man eine Frau glücklich macht, verstehst du. Er wußte nicht, wie mans anstellt. Das ganze Geld, die ganze Schulbildung – aber er taugte zu nix.«

»Ich wollte, ich wär auf dem College gewesen.«

»Das hast du nicht nötig. Du hast alles, was du brauchst, George.«

»Ich bin bloß ein Versager. Nichts als miese Jobs.«

»Ich sag dir, du hast alles, was du brauchst, George. Du weißt, wie man eine Frau glücklich macht.«

»Yeh?«

»Ja. Und weißt du, was noch? Seine *Mutter* kam immer vorbei. Seine *Mutter*! Zwei oder drei Mal die Woche. Hockte immer da und sah mich an und tat so, als würde sie mich mögen, dabei hat sie mich behandelt, als wär ich ne Hure. Als wär ich ne große hinterhältige Hure, die ihr ihren Sohn wegnimmt! Ihren kostbaren Walter! Meine Güte, was für'n Affenzirkus!«

»Trink aus, Connie.«

George hatte schon ausgetrunken. Er wartete, bis Connie ihr Glas leer hatte, dann nahm er es und machte beide Gläser wieder voll.

»Er hat behauptet, er liebt mich. Und ich hab immer gesagt: ›Schau meine Pussy an, Walter!‹ Und er wollte meine Pussy nicht ansehen. Er sagte: ›Ich will dieses Ding nicht ansehen.‹ Dieses *Ding!* So hat er es genannt! Du hast keine Angst vor meiner Pussy, nicht, George?«

»Bis jetzt hat sie mich noch nicht gebissen.«

»Aber du hast *sie* gebissen, hast drauf rumgekaut, nicht, George?«

»Kann schon sein.«

»Und du hast sie geleckt und gelutscht.«

»Möglich.«

»George, du weißt verdammt gut, was du gemacht hast.«

»Wieviel Geld hast du denn mitgenommen?«

»Sechshundert Dollar.«

»Connie, ich mag keine Menschen, die andere beklauen.«

»Drum bist du ja auch bloß ein elender Tellerwäscher. Weil du zu ehrlich bist. Aber er ist ja so ein Idiot, George. Und das Geld kann er verschmerzen. Ich hab mirs verdient. Er und seine *Mutter* und seine *Liebe*, seine *Muttersöhnchen-Liebe*, seine mickrigen blitzblanken Waschbecken und Kloschüsseln und Müllbeutel und neuen Autos und Mundwässerchen und After-Shave Lotions und seine kleinen Steifen und seine beschissenen Nümmerchen im Bett. Er denkt immer nur an *sich*, verstehst du, immer nur an *sich*. Du weißt, was eine Frau will, George ...«

»Danke für den Whisky, Connie. Gib mir noch eine von deinen Zigaretten.«

George machte die Gläser wieder voll. »Ich hatte Sehnsucht nach deinen Beinen, Connie. Hatte wirklich Sehnsucht nach diesen Beinen. Ich mag es, wie du diese hochhackigen Schuhe trägst. Sie machen mich wahnsinnig. Diese Weiber von heute wissen ja gar nicht, was ihnen da abgeht. Ein hoher Absatz formt die Wade, den Schenkel, den Arsch; da kommt Rhythmus in den Gang. Das törnt mich richtig an!«

»Du redest wie ein Dichter, George. Manchmal hast du wirklich sowas drauf. Du bist mir vielleicht ein Tellerwäscher.«

»Weißt du, was ich gerne machen würde?«

»Was?«

»Ich würde dich gerne auspeitschen mit meinem Gürtel, auf die Beine, auf den Arsch, die Schenkel. Bis zu zuckst und heulst. Und wenn du zuckst und heulst, dann möcht ich dich mit ganzer Liebe rammeln.«

»Ich will das nicht, George. So hast du noch nie mit mir geredet. Du hast mich immer anständig behandelt.«

»Zieh dein Kleid höher rauf.«

»Was?«

»Zieh dein Kleid höher rauf, ich will mehr von deinen Beinen sehen.«

»Meine Beine gefallen dir, nicht, George?«

»Zeig sie her, laß sie leuchten!«

Constance zog ihr Kleid hoch.

»Shit, Mann Gottes!«, sagte George.

»Gefallen dir meine Beine?«

»Ich liebe deine Beine!«

Dann langte George quer übers Bett und schlug Constance hart ins Gesicht. Die Zigarette flog ihr aus dem Mund.

»Warum hast du das gemacht?«

»Du hast Walter gefickt! Du hast Walter gefickt!«

»Na und, was solls?«

»Zieh dein Kleid noch höher!«

»Nein!«

»Tu was ich sage!«

George schlug sie noch einmal, härter. Constanze zog ihr Kleid hoch.

»Nur bis zu den Höschen!«, bellte George. »Die Höschen will ich noch nicht sehen!«

»Mein Gott, George, was ist bloß in dich gefahren?«

»Du hast Walter gefickt!«

»George, ich schwör dirs, du bist wahnsinnig geworden. Ich will weg. Laß mich hier raus, George!«

»Rühr dich nicht vom Fleck, oder ich bring dich um!«

»Du würdest mich umbringen?«

»Ich schwör dirs!«

George stand auf, goß sich ein ganzes Glas Whisky ein, trank es aus und setzte sich neben Constance. Er nahm seine Zigarette und hielt ihr das brennende Ende ans Handgelenk. Sie brüllte. Er hielt ihre Hand fest und hielt die Zigarette dran, dann nahm er sie weg.

»Ich bin ein Mann, Baby, ist das klar?«

»Ich weiß, daß du ein Mann bist, George.«

»Hier, sieh dir mal meine Muskeln an!« George stand auf, hob beide Arme und ließ seine Muskeln spielen. »Prachtvoll, was Baby? Sieh dir diese Muskeln an! Faß mal an! Faß mal an!«

Constance faßte seinen Arm an. Dann den anderen.

»Ja, du hast einen wundervollen Körper, George.«

»Ich bin ein Mann. Ich bin Tellerwäscher, aber ich bin ein Mann, ein richtiger Mann.«

»Ich weiß, George.«

»Ich bin nicht wie dieses Milchgesicht, dem du davongelaufen bist.«

»Ich weiß.«

»Und singen kann ich auch. Mußt dir mal anhören, was für ne Stimme ich habe.«

Constance saß da. George fing an zu singen. Er sang »Old Man River«. Dann sang er »Nobody Knows the Trouble I've Seen«. Er sang den »St. Louis Blues«. Er sang »God Bless America«, wobei er sich mehrmals unterbrach, weil er lachen mußte. Dann setzte er sich wieder zu Constance. Er sagte: »Connie, du hast sagenhafte Beine.« Er ließ sich noch eine Zigarette von ihr geben. Er rauchte sie, nahm noch zwei Drinks zur Brust, dann legte er seinen Kopf auf Connies Beine, auf ihre Strümpfe, auf ihren Schoß, und er sagte: »Connie, ich glaub, ich tauge nichts. Ich glaub, ich bin wahnsinnig. Es tut mir leid, daß ich dich geschlagen habe, es tut mir leid, daß ich dich mit der Zigarette verbrannt habe.«

Constance saß da. Sie fuhr George mit den Fingern durchs Haar, streichelte ihn, redete ihm gut zu. Bald war er eingeschlafen. Sie blieb noch eine Weile so sitzen. Dann hob sie seinen Kopf und legte ihn auf das Kissen, hob seine Beine aufs Bett und streckte sie aus. Sie stand auf, ging zur Flasche, goß sich einen kräftigen Schluck in ihr Glas, ein bißchen Wasser dazu, und trank es runter. Sie ging zur Wohnwagentür, zog sie nach innen auf, ging hindurch, machte sie hinter sich zu. Sie ging quer über den Abstellplatz, durch die Tür im Zaun und im Mondschein den schmalen Weg hinauf, um 1 Uhr nachts. Der Himmel war wolkenlos. Er war der gleiche Sternenhimmel wie immer. Sie kam zum Boulevard, ging nach Osten, dann stand sie vor dem Eingang zum »Blue Mirror«. Sie ging hinein, sah sich um, und da saß Walter allein und betrunken am Ende der Bar. Sie ging hin und setzte sich neben ihn.

»Hab ich dir gefehlt, Baby?«, fragte sie.

Walter hob den Kopf und sah sie an. Er erkannte sie. Er gab keine Antwort. Er sah zum Barkeeper hin, und der Barkeeper kam zu ihnen her. Sie kannten sich alle.

Klasse

Ich bin mir nicht sicher, wo der Ort lag. Irgendwo nordöstlich von Kalifornien. Hemingway hatte gerade einen Roman beendet, war aus Europa oder sonstwo angereist und stand jetzt im Ring und boxte gegen einen. Auf den Ringplätzen saßen Journalisten, Kritiker, Schriftsteller – diese ganze Meute – und außerdem einige junge Damen. Ich setzte mich in die hinterste Reihe. Die meisten sahen Hem gar nicht zu. Sie unterhielten sich und lachten.

Die Sonne schien. Es war früher Nachmittag. Ich sah Ernie zu. Er hatte seinen Gegner im Griff, spielte mit ihm. Er brachte linke Gerade an, blockte ab, ganz nach Belieben. Dann legte er den Burschen auf die Bretter. Jetzt sahen die Leute hin. Bei 8 war Hems Gegner wieder auf den Beinen. Ernie machte einen Schritt auf ihn zu, dann blieb er stehen. Er nahm seinen Mundschutz heraus, lachte seinen Gegner an, winkte ab. Es war zu leicht. Ernie ging in seine Ecke. Er legte den Kopf zurück, und jemand spritzte ihm einen Strahl Wasser in den Mund.

Ich erhob mich von meinem Sitzplatz und ging langsam den Mittelgang hinunter. Ich langte hoch und stumpte Hemingway in die Seite.

»Mr. Hemingway?«

»Ja, was ist?«

»Ich würde gern mal die Handschuhe mit Ihnen kreuzen.«

»Hast du denn schon Erfahrung als Boxer?«

»Nee.«

»Dann hol das erst mal nach.«

»Ich hab vor, Ihnen den Arsch zu ramponieren.«

Ernie lachte. Er sagte zu dem Kerl in seiner Ecke: »Steck den Jungen in eine Hose und zieh ihm Handschuhe an.«

Der Kerl sprang aus dem Ring, und ich folgte ihm den Gang hinauf zum Umkleideraum.

»Bist du wahnsinnig, Kid?«, fragte er mich.

»Ich weiß nicht. Ich glaube nicht.«

»Da. Probier mal diese Hose an.«

»Okay.«

»Oh nee . . . die ist dir zu groß.«

»Scheiß drauf. Die paßt.«

»Na gut, dann laß dir jetzt die Hände bandagieren.«

»Keine Bandagen.«

»Keine Bandagen?«

»Keine Bandagen.«

»Was ist mit einem Mundschutz?«

»Kein Mundschutz.«

»Willst du in diesen Schuhen da boxen?«

»Ja, ich will in diesen Schuhen da boxen.«

Ich steckte mir eine Zigarre an und folgte ihm hinaus. Ich ging den Mittelgang runter und rauchte meine Zigarre. Hemingway kletterte wieder in den Ring, und sie zogen ihm seine Handschuhe an. In meiner Ecke war niemand. Schließlich kam einer her und zog mir ein Paar Handschuhe an. Wir wurden zur Belehrung in die Ringmitte gerufen.

»Also wenn ihr klammert«, sagte der Ringrichter, »dann werde ich ...«

»Ich klammere nicht«, sagte ich zum Ringrichter.

Weitere Belehrungen folgten.

»Okay, geht zurück in eure Ecken. Und beim Gongschlag kommt ihr boxend heraus. Möge der bessere Mann gewinnen. Und Sie«, sagte er zu mir, »Sie nehmen besser diese Zigarre da aus dem Mund.«

Als der Gong ertönte, kam ich mit der Zigarre im Mund aus meiner Ecke. Ich zog daran und blies Ernest Hemingway einen Mundvoll Qualm ins Gesicht. Die Leute lachten.

Hem ging auf mich los, linke Gerade und rechter Haken, beide gingen vorbei. Ich zeigte schnelle Beinarbeit. Ich tänzelte ein bißchen rum, rückte ihm auf die Pelle, tap tap tap tap tap, fünf schnelle linke Gerade auf Papas Nase. Ich äugte hinunter zu einem Girl in der ersten Reihe, ein sehr hübsches Ding, und genau in diesem Augenblick kam Hem mit einer Rechten durch, die mir die Zigarre im Mund zermalmte. Ich spürte, wie es mir den Mund und die Backe versengte, und ich wischte mir die heiße Asche weg. Ich spuckte den Zigarrenstummel aus und wuchtete Ernie eine Rechte in den Bauch. Er kam mit einer Rechten zum

Kinn durch und traf mich mit einer Linken aufs Ohr. Er duckte sich unter meiner Rechten weg und nagelte mich mit einer Links-Rechts-Kombination an den Seilen fest. Genau mit dem Gongschlag setzte er mir einen trockenen rechten Haken voll aufs Kinn, und ich ging zu Boden. Ich stand auf und ging in meine Ecke.

Ein Kerl mit einem Eimer kam zu mir her.

»Mr. Hemingway möchte wissen, ob Sie noch Lust auf ne weitere Runde haben«, sagte er.

»Sag Mr. Hemingway, er kann von Glück sagen, daß ich Rauch in die Augen gekriegt habe. Ich brauch nur noch eine Runde, dann ist er erledigt.«

Der Kerl mit dem Eimer ging hinüber, und ich sah, wie Hemingway lachte.

Der Gong ertönte, und ich kam sofort zur Sache. Ich begann Treffer zu landen, keine besonders harten, aber es waren gute Kombinationen. Ernie ging zurück, schlug daneben. Zum ersten Mal sah ich Zweifel in seinen Augen. ›Wer ist dieser Kid?‹, fragte er sich.

Ich schlug aus kürzerer Distanz, traf ihn härter. Ich traf mit jedem Schlag. Kopf und Körper. Eine gute Mischung. Ich boxte wie Sugar Ray und schlug wie Dempsey.

Ich hatte Hemingway an den Seilen. Er konnte nicht umfallen. Sobald er Anstalten machte, nach vorn zu kippen, richtete ich ihn mit einem Haken wieder auf. Es war glatter Mord. *Tod am Nachmittag*.

Ich trat zurück, und Mr. Ernest Hemingway fiel nach vorn und war out.

Ich machte mir die Verschnürung meiner Boxhandschuhe mit den Zähnen auf, zog die Dinger aus und sprang mit einem Satz aus dem Ring. Ich ging in meine Umkleidekabine, ich meine Hemingways Umkleidekabine, und stellte mich unter die Dusche. Dann trank ich eine Flasche Bier, steckte mir eine Zigarre an und setzte mich auf den Rand des Massagetischs. Sie trugen Ernie herein und legten ihn auf einen anderen Tisch. Er war immer noch out. Ich saß da, nackt, und sah zu, wie sie sich um Ernie kümmerten. Es waren auch Frauen im Raum, aber das störte mich nicht. Dann kam einer zu mir her.

»Wer sind Sie?«, fragte er. »Wie heißen Sie?«

»Henry Chinaski.«

»Nie von Ihnen gehört«, sagte er.

»Das wird sich bald ändern.«

Sämtliche Leute kamen zu mir her. Ernie blieb allein. Armer Ernie. Alles drängte sich um mich. Die Frauen auch. Ich war ziemlich abgemagert, bis auf eine Stelle. Ein wirklich hochklassiges Flittchen besah mich ausgesprochen gründlich von oben bis unten. Sie sah aus wie ein Flittchen aus der vornehmen Gesellschaft, reich, gute Erziehung und alles – hübsch gebaut, hübsches Gesicht, hübsche Kleider, all sowas.

»Was machen Sie so?«, fragte mich jemand.

»Ficken und trinken.«

»Nein, nein, ich meine, was sind Sie von Beruf?«

»Tellerwäscher.«

»Tellerwäscher?«

»Yeah.«

»Haben Sie ein Hobby?«

»Naja, ich weiß nicht, ob man es als Hobby bezeichnen kann. Ich schreibe.«

»Sie schreiben?«

»Yeh.«

»Was denn?«

»Short Stories. Sie sind ziemlich gut.«

»Schon was davon veröffentlicht?«

»Nein.«

»Warum nicht?«

»Ich hab nie welche rumgeschickt.«

»Wo haben Sie denn Ihre Stories?«

»Da drüben.« Ich zeigte auf einen zerfledderten Pappkoffer.

»Passen Sie auf, ich bin Kritiker bei der ›New York Times‹. Hätten Sie etwas dagegen, wenn ich Ihre Stories mit nach Hause nehme und sie mal lese? Sie kriegen sie wieder.«

»Mir recht, Sportsfreund. Ich weiß bloß nicht, wo ich dann sein werde.«

Das hochklassige Society-Flittchen machte einen Schritt nach vorn. »Er wird bei mir sein.«

Dann sagte sie zu mir: »Komm schon, Henry, steig in deine Klamotten. Wir haben eine lange Fahrt vor uns und müssen einiges miteinander ... bereden.«

Ich zog mich an. Ernie kam jetzt wieder zu sich.

»Was zum Teufel ist passiert?«, fragte er.

»Sie sind auf einen ziemlich guten Mann getroffen, Mr. Hemingway«, sagte jemand zu ihm.

Ich war mit dem Anziehen fertig und ging zu ihm hinüber an den Tisch.

»Du bist ein guter Mann, Papa. Aber man kann nicht immer siegen.« Ich schüttelte ihm die Hand. »Schieß dir kein Loch in den Kopf.«

Ich ging mit dem Society-Flittchen hinaus, und wir stiegen in ein gelbes Kabriolett, das einen halben Häuserblock lang war. Sie trat das Gaspedal bis auf den Boden durch und nahm die Kurven schleudernd und auf quietschenden Reifen, ohne die geringste Reaktion zu zeigen. Das war Klasse. Wenn sie im Bett so gut war wie hinter dem Steuer, dann würde es eine heiße Nacht werden.

Ihr Haus lag oben in den Bergen, ganz isoliert. Ein Butler öffnete uns die Tür.

»George«, sagte sie zu ihm, »Sie können sich die Nacht frei nehmen. Wenn ich mirs recht überlege, können Sie gleich die ganze Woche frei nehmen.«

Wir gingen hinein, und da saß ein großer Kerl in einem Sessel und hatte einen Drink in der Hand.

»Tommy«, sagte sie, »verschwinde.«

Wir gingen weiter durchs Haus.

»Wer war der große Kerl?«, fragte ich sie.

»Thomas Wolfe«, sagte sie. »Ein Langweiler.«

In der Küche legte sie einen Stop ein, um eine Flasche Bourbon und zwei Gläser mitzunehmen. Dann sagte sie: »Komm weiter.« Ich folgte ihr ins Schlafzimmer.

Am nächsten Morgen weckte uns das Telefon. Es war für mich. Sie gab mir den Hörer, und ich setzte mich neben ihr im Bett auf.

»Mr. Chinaski?«

»Yeh?«

»Ich habe Ihre Stories gelesen. Ich war so aufgeregt, daß ich die ganze Nacht nicht schlafen konnte. Sie sind mit Sicherheit das größte Genie des Jahrzehnts!«

»Nur des Jahrzehnts?«

»Naja, vielleicht des Jahrhunderts.«

»Schon besser.«

»Die Herausgeber von ›Harper's‹ und ›Atlantic‹ sind im Augenblick hier bei mir. Sie werden es vielleicht nicht glauben, aber jeder von ihnen hat fünf Stories zur Veröffentlichung angenommen.«

»Ich glaube es«, sagte ich.

Der Kritiker legte auf. Ich legte mich lang. Das Society-Flittchen und ich machten noch einen drauf.

Big Bart

Big Bart war der gefährlichste Mann im ganzen Westen. Er hatte die schnellste Kanone im ganzen Westen, und im ganzen Westen gab es keinen, der schon ein so großes Sortiment von Weibern gefickt hatte wie er. Von Baden und Bullshit hielt er nichts, und Zweiter wurde er auch nicht gern. Er war der Boß eines Wagentrecks, der nach Westen fuhr, und nirgends gab es einen Mann in seinem Alter, der mehr Indianer umgelegt hatte oder mehr Weiber gefickt hatte oder mehr Weiße umgelegt hatte.

Big Bart war eine große Nummer, und er wußte es, und jeder wußte es. Sogar seine Fürze waren außergewöhnlich – lauter als ein Essensgong –, und was er zwischen den Schenkeln hängen hatte, war enorm. Für Big Bart bestand der Gig darin, die Planwagen heil durchzubringen, sich die Weiber zu klemmen, ein paar Männer umzulegen und dann wieder zurückzureiten und die nächste Fuhre zu übernehmen. Er hatte einen schwarzen Bart, ein dreckiges Spundloch und strahlend gelbe Zähne.

Er hatte gerade die junge Frau von Billy Joe in Grund und Boden gerammelt, und Billy Joe mußte dabei zusehen. Und während er dran war, mußte sie ihrem Billy Joe das ganze schildern. Sie mußte zu ihm sagen: »Ah, Billy Joe, er hat mir diesen Truthahnhals reingesteckt, von der Fut bis rauf in die Kehle, ich kriege kaum noch Luft! Billy Joe, rette mich! Oder vielmehr nein, Billy Joe, rette mich nicht!«

Als Big Bart seinen Höhepunkt gebracht hatte, mußte ihm Billy Joe die Weichteile waschen, und anschließend gingen sie alle groß essen. Es gab Schweinshaxen mit Limabohnen und Roggenbrötchen.

Am nächsten Tag begegnete ihnen ein Planwagen, der ganz allein durch die Prärie fuhr. Auf dem Kutschbock saß ein etwa sechzehnjähriger magerer Junge mit einer schlimmen Akne im Gesicht. Big Bart ritt zu ihm hinüber.

»Sag mal, Kid«, sagte er.

Der Junge gab keine Antwort.

»Ich red mit dir, Kid ...«

»Leck mich am Arsch«, sagte der Junge.

»Ich bin Big Bart«, sagte Big Bart.

»Leck mich am Arsch, Big Bart«, sagte der Junge.

»Wie heißt du, Sohn?«

»Man nennt mich Kid.«

»Schau her, Kid, mit nem einzelnen Wagen schafft es keiner durch dieses Indianergebiet.«

»Ich habs aber vor«, sagte der Kid.

»OK, es sind deine Eier, Kid«, sagte Big Bart und wollte gerade wegreiten, als die Plane des Wagens zur Seite geschlagen wurde und eine Kleine mit Oberweite 115 zum Vorschein kam. Sie hatte einen prächtigen großen Arsch und Augen wie der Himmel nach einem guten Regen. Sie sah Big Bart an, und dessen Truthahnhals begann gegen den Sattelknauf zu klopfen.

»Wenn du weißt, was gut für dich ist, Kid, dann kommst du mit uns.«

»Zieh Leine, Alter«, sagte der Kid. »Ich habs gottverdammt nicht nötig, mir von nem alten Mann mit dreckigen Unterhosen sagen zu lassen, was ich machen soll.«

»Ich hab schon Männer umgelegt, die bloß mal geblinzelt haben«, sagte Big Bart.

Der Kid spuckte einfach auf den Boden. Dann steckte er eine Hand in die Hose und kratzte sich am Sack.

»Alter, du langweilst mich. Sieh zu, daß zu verschwindest, oder ich mach einen Schweizer Käse aus dir.«

»Kid«, sagte das Girl und beugte sich zu ihm nach vorn, wobei ihr eine Titte aus dem Kleid fiel und der Sonne einen Steifen hinzauberte. »Kid, ich glaube, der Mann hat recht. Allein haben wir gegen diese Motherfucker von Indianer keine Chance. Also sei kein Arschloch. Sag dem Mann, daß wir uns anschließen.«

»Wir schließen uns an«, sagte der Kid.

»Wie heißt dein Girl?«, fragte Big Bart.

»Honeydew«, sagte der Kid.

»Und starren Sie nicht dauernd meine Titten an, Mister«, sagte Honeydew, »oder ich hau Ihnen die Scheiße aus den Knochen.«

Eine Weile ging alles gut. Es gab eine kleine Auseinandersetzung mit den Indianern im Blueball Canyon. 37 Indianer tot, ein Gefangener. Keine amerikanischen Verluste. Big Bart pimperte den gefangenen Indianer in den Arsch und stellte ihn anschließend als Koch ein. Es gab eine weitere kleine Auseinandersetzung im Clap Canyon, 37 Indianer tot, ein Gefangener. Keine amerikanischen Verluste. Big Bart pimperte ...

Es war nicht zu übersehen, daß Big Bart auf Honeydew scharf war. Er konnte seine Augen nicht von ihr lassen. Ihr Arsch hatte es ihm besonders angetan. Einmal fiel er vor lauter Gucken vom Pferd, und einer der beiden Indianerköche lachte. Danach hatten sie nur noch einen Indianerkoch.

Eines Tages schickte Big Bart den Kid mit einigen Jägern los, um den einen oder anderen Büffel zu erlegen. Big Bart wartete, bis sie weggeritten waren, dann steuerte er den Wagen des Kid an. Er sprang auf den Kutschbock, schob die Plane zur Seite und ging rein. Honeydew hockte mitten im Wagen und onanierte.

»Menschenskind, Baby«, sagte Big Bart, »das ist ja Verschwendung!«

»Mach bloß, daß du hier rauskommst«, sagte Honeydew. Sie zog ihren Finger raus und zeigte damit auf Big Bart. »Mach daß du hier rauskommst, und laß mich mein Ding machen!«

»Dein Mann kümmert sich nicht richtig um dich, Honeydew!«

»Er kümmert sich schon um mich, du Arschloch, ich krieg bloß nicht genug. Nach meiner Periode werd ich jedesmal heiß.«

»Paß auf, Baby ...«

»Hau ab!«

»Paß auf, Baby, schau mal her ...«

Er holte seinen Vorschlaghammer raus. Das Ding war purpurrot und schwang hin und her wie das Pendel einer Standuhr. Und bei jedem Ausschlag tröpfelte ein bißchen Sabber auf den Boden.

Honeydew konnte sich vom Anblick dieses Apparats nicht mehr losreißen. Schließlich sagte sie: »In mich steckst du das verdammte Ding aber nicht rein!«

»Das klang nicht sehr überzeugend, Honeydew.«

»IN MICH STECKST DU DAS VERDAMMTE DING NICHT REIN!«

»Aber warum? Warum? Sieh dirs doch an!«

»Ich sehs ja an!«

»Aber warum willst du's denn nicht?«

»Weil der Kid meine große Liebe ist.«

»Liebe?«, sagte Big Bart und lachte. »Liebe? Das ist ein Märchen für arme Irre! Sieh dir den verdammten Hammer doch mal an! Der schlägt jede Liebe um Längen!«

»Big Bart, ich liebe den Kid.«

»Und meine Zunge«, sagte Big Bart, »ich hab die beste Zunge im ganzen Westen!«

Er streckte sie raus und machte Kunststücke damit.

»Ich liebe den Kid«, sagte Honeydew.

»Ach, du kannst mich mal«, sagte Big Bart und warf sich auf sie. Es war eine Hundearbeit, das Ding in sie reinzukriegen, und als er damit reinkam, schrie Honeydew. Er brachte ungefähr sieben Stöße an, dann wurde er plötzlich grob nach hinten gerissen.

ES WAR DER KID. ZURÜCK VON DER JAGD.

»Wir haben deinen Büffel, Motherfucker. Wenn du jetzt noch deine Hosen hochziehst und mit rauskommst, dann können wir den Rest erledigen.«

»Ich hab die schnellste Knarre im ganzen Westen«, sagte Big Bart.

»Ich baller dir ein Loch rein, gegen das wird dein Arschloch aussehen wie ne Pore in deiner Haut«, sagte der Kid. »Komm schon, bringen wirs hinter uns. Ich hab Hunger. So eine Büffeljagd macht Appetit ...«

Die Männer hockten um das Lagerfeuer herum und sahen zu. Es lag eindeutig eine gewisse Spannung in der Luft. Die Frauen blieben in den Planwagen, beteten, onanierten und tranken Gin. Big Bart hatte 34 Kerben im Knauf seines Revolvers, und ein schwaches Gedächtnis. Der Kid hatte keine Kerben im Knauf seines Revolvers. Aber er hatte ein Selbstvertrauen, wie es die anderen selten erlebt hatten. Big Bart schien der nervösere von den beiden zu sein. Er setzte kurz seinen Flachmann voll Whisky an und machte ihn halb leer. Dann ging er auf den Kid zu.

»Schau her, Kid ...«

»Yeah, Motherfucker ...?«

»Ich meine, wieso platzt dir gleich der Kragen?«

»Ich putz dir die Eier weg, Alter!«

»Wegen was denn?«

»Du hast mit meiner Frau rumgemacht, Alter!«

»Paß mal auf, Kid. Merkst du denn nicht, daß die Weiber immer die Männer gegeneinander ausspielen. Deine macht hier ein Spielchen mit uns, und wir fallen drauf rein.«

»Ich will deinen Scheiß nicht hören, Dad! Jetzt geh zurück, und dann zieh! Du bis *dran*!«

»Kid . . .«

»Geh zurück und zieh!«

Die Männer am Lagerfeuer sahen gespannt herüber. Ein leichter Wind wehte aus dem Westen und brachte einen Hauch von Pferdescheiße mit. Jemand hustete. Die Frauen kauerten in den Planwagen, tranken Gin, beteten und onanierten. Es ging auf den Abend zu.

Big Bart und der Kid waren jetzt 30 Schritte auseinander.

»Zieh, du feiges Aas«, sagte der Kid. »Zieh, du feiger Weiberschänder!«

Lautlos teilte sich die Plane eines Wagens, und eine Frau mit einer Flinte kam zum Vorschein. Es war Honeydew. Sie legte an, kniff ein Auge zu und nahm etwas ins Visier.

»Na los, du Sattelrammler«, sagte der Kid. »ZIEH!«

Big Barts Hand zuckte zum Holster. Ein Schuß knallte durch die Abenddämmerung. Honeydew ließ die rauchende Flinte sinken und verschwand wieder unter der Plane. Der Kid lag tot auf der Erde, mit einem Loch in der Stirn. Big Bart steckte seine unbenutzte Knarre ins Holster zurück und stelzte auf den Planwagen zu. Der Mond stand am Himmel.

Irgendwas mit einer Vietkongfahne

Es war Sommer, die Wüste glühte in der Sonnenhitze. Als der Güterzug kurz vor dem Rangierbahnhof seine Fahrt verlangsamte, sprang Red ab. Er ging nach

Norden, hockte sich zu einen Schiß hinter einige große Felsbrocken, wischte sich mit ein paar Blättern den Arsch ab. Dann ging er fünfzig Schritte, setzte sich hinter dem nächsten Felsbrocken in den Schatten und drehte sich eine Zigarette. Er sah die Hippies auf sich zukommen. Sie waren erst auf dem Rangierbahnhof vom Zug abgesprungen und kamen jetzt zurück. Zwei Kerle und ein Mädchen.

Der eine von den beiden hatte eine Vietkongfahne bei sich. Die Kerle machten einen verweichlichten Eindruck. Harmlos. Das Mädchen hatte einen ganz schön drallen Arsch – ihre Bluejeans platzten fast aus den Nähten. Sie war blond und hatte eine Menge Pickel im Gesicht. Red wartete, bis sie ihn fast erreicht hatten.

»Heil Hitler!«, sagte er.

Die Hippies lachten.

»Wo wollt ihr denn hin?«, fragte Red.

»Wir versuchen nach Denver zu kommen. Schätze, wir werden es auch packen.«

»Naja«, sagte Red, »einen kleinen Aufenthalt werdet ihr hier einlegen müssen. Ich werd mir mal euer Girl zu Gemüte führen müssen.«

»Wie bitte?«

»Du hast schon richtig gehört.«

Red griff sich das Mädchen. Er packte sie mit der einen Hand an den Haaren, mit der anderen am Arsch, und küßte sie. Der größere von den beiden Kerlen faßte Red an der Schulter. »Also jetzt mal langsam ...«

Red drehte sich um und schlug ihm einen kurzen linken Haken in die Magengrube. Der Kerl ging zu Boden. Er blieb liegen, schnappte nach Luft. Red sah den Kerl mit der Vietkongfahne an. »Wenn du mit heilen Knochen davonkommen willst, dann laß mich in Frieden.«

»Los jetzt«, sagte er zu dem Mädchen, »da rüber, hinter die Felsen da.«

»Nee, da mach ich nicht mit«, sagte das Mädchen. »Da mach ich nicht mit.«

Red zog sein Schnappmesser und drückte auf den Knopf. Die Klinge lag flach auf ihrer Nase, drückte sie platt.

»Kannst du dir vorstellen, wie du ohne Nase aussehen wirst?«

Sie antwortete nicht.

»Ich schneid sie dir ab.«

Er grinste.

»Hören Sie mal«, sagte der Kerl mit der Fahne, »mit sowas kommen Sie niemals durch.«

»Komm schon, Girly«, sagte Red und schob sie vor sich her, auf die Felsen zu.

Red und das Mädchen verschwanden hinter den Felsbrocken. Der Kerl mit der Fahne half seinem Freund auf die Beine. Sie standen da. Sie standen einige Minuten da.

»Er fickt Sally. Was machen wir bloß? Er fickt sie in diesem Augenblick.«

»Was können wir schon machen? Das is'n Irrer.«

»Wir sollten irgendwas unternehmen.«

»Sally muß denken, wir sind richtig gemeine Scheißtypen.«

»Sind wir auch. Alle beide. Wir hätten mit ihm fertig werden können.«

»Er hat ein Messer.«

»Spielt keine Rolle. Wir hätten ihn trotzdem geschafft.«

»Ich fühl mich verflucht elend.«

»Was meinst du, wie erst Sally sich fühlt? Er fickt sie.«

Sie standen da und warteten. Der Große, der den Schlag in die Magengrube eingesteckt hatte, hieß Leo. Der andere Dale. Sie warteten. Es war heiß in der prallen Sonne. »Wir haben noch zwei Zigaretten«, sagte Dale. »Meinst du, wir sollen sie rauchen?«

»Verdammt, wie können wir hier rauchen, während sich das da hinter den Felsen abspielt?«

»Hast recht. Mein Gott, warum dauert das nur so lang?«

»Gott, was weiß ich. Meinst du, er hat sie umgebracht?«

»Ich mach mir langsam Sorgen.«

»Vielleicht seh ich besser mal nach.«

»Okay, aber sei vorsichtig.«

Leo ging auf die Felsbrocken zu. Es gab einen kleinen Erdhügel mit einigem Gestrüpp. Leo kroch hinauf, ging hinter einem Busch in Deckung und sah hinunter. Red fickte Sally. Leo sah zu. Es schien kein Ende nehmen zu wollen. Red machte weiter und weiter. Leo kroch den Hügel hinunter und ging wieder zu Dale hinüber.

»Ich glaub, es ist ihr nichts passiert«, sagte er.

Sie warteten.

Schließlich kamen Red und Sally wieder hinter den Felsen hervor. Sie gingen auf die beiden zu.

»Dank euch, Brüder«, sagte Red, »sie hat mich sehr gut bedient.«

»Dafür sollst du in der Hölle schmoren!«, sagte Leo.

Red lachte. »Peace! Peace! ...« Er machte ihnen mit den Fingern das Peace-Zeichen. »Tja, dann werd ich mich mal wieder auf die Socken machen ...«

Red drehte sich noch schnell eine Zigarette. Er lächelte, während er das Papier anfeuchtete. Dann steckte er sie an, inhalierte und ging unter Ausnutzung schattiger Stellen in Richtung Norden davon.

»Fahren wir den Rest der Strecke per Anhalter«, sagte Dale. »Das mit den Güterzügen ist nichts.«

»Der Highway ist westlich von hier«, sagte Leo. »Gehn wir.«

Sie setzten sich nach Westen in Bewegung.

»Menschenskind«, sagte Sally, »ich kann kaum noch gehen. Dieser Kerl ist ein Tier!«

Leo und Dale schwiegen.

»Hoffentlich werd ich nicht schwanger«, sagte Sally.

»Sally«, sagte Leo, »es tut mir leid ...«

»Ach halts Maul!«

Sie gingen weiter. Es wurde langsam Abend, und die Hitze begann nachzulassen.

»Ich hasse alle Männer!«, sagte Sally.

Ein Kaninchen sprang hinter einem Busch hervor. Leo und Dale zuckten zusammen, als es an ihnen vorbeirannte.

»Ein Kaninchen«, sagte Leo, »ein Kaninchen.«

»Dieses Karnickel hat euch Typen einen Schreck eingejagt, wie?«

»Na, wir sind halt fickrig. Nach dem, was passiert ist ...«

»*Ihr* seid fickrig? Was ist mit mir?! Hört her, laßt uns mal ne Minute ausruhen. Ich bin müde.«

Es gab ein bißchen Schatten, und Sally setzte sich zwischen den beiden hin.

»Wißt ihr, andererseits ...«, sagte sie.

»Was?«

»Schlecht wars eigentlich nicht. Vom rein Sexuellen her, meine ich. Er hat mirs wirklich gut gemacht. Rein sexuell gesehen wars ganz beachtlich.«

»Was??«, sagte Dale.

»Ich meine, moralisch hasse ich ihn. Man sollte ihn erschießen, den Scheißtyp. Er ist ein Hund. Ein Schwein. Aber rein sexuell gesehen wars beachtlich ...«

Sie saßen eine Weile da. Keiner sagte etwas. Dann holten sie ihre letzten beiden Zigaretten heraus und rauchten sie, ließen sie herumgehen.

»Wenn wir bloß ein bißchen Dope hätten«, sagte Leo.

»Gott, ich habs ja gewußt, daß das jetzt kommt«, sagte Sally. »Ihr Typen existiert ja fast nicht.«

»Vielleicht wär dir wohler, wenn wir dich vergewaltigen, hm?«, fragte Leo.

»Sei nicht blöd.«

»Denkst du, ich kann dich nicht vergewaltigen?«

»Ich hätte mit ihm gehn sollen. Ihr seid doch Nieten.«

»Ach, jetzt ist er dir auch noch sympathisch, was?«, fragte Dale.

»Vergiß es«, sagte Sally. »Los, wir gehn runter zum Highway und halten den Daumen raus.«

»Ich kann dich stoßen, daß dir Hören und Sehen vergeht«, sagte Leo, »bis dir die Tränen kommen.«

»Kann ich dabei zusehen?«, sagte Dale und lachte.

»Wird nix zu sehen geben«, sagte Sally. »Los. Gehn wir.«

Sie standen auf und gingen in Richtung Highway. Sie brauchten zehn Minuten. Als sie dort waren, stellte sich Sally an den Straßenrand und hielt den Daumen raus. Leo und Dale hielten sich unauffällig im Hintergrund. Ihre Vietkongfahne hatten sie vergessen. Sie hatten sie da hinten beim Rangierbahnhof liegen lassen. Da lag sie im Dreck, in der Nähe der Eisenbahngleise. Der Krieg ging weiter. Sieben große rote Ameisen krochen über die Fahne.

Keine Love Story

Margie wollte mit diesem Kerl ausgehen aber der traf unterwegs einen anderen Kerl in einem Ledermantel und der Kerl in dem Ledermantel machte den Ledermantel auf und zeigte dem anderen Kerl seine Titten und der andere Kerl ging zu Margie in die Wohnung und sagte er könnte die Verabredung nicht einhalten weil ihm dieser Kerl im Ledermantel die Titten gezeigt hatte und er wollte jetzt diesen Kerl ficken. Also schaute Margie mal bei Carl vorbei. Carl war zuhause, und sie setzte sich hin und sagte zu Carl:

»Dieser Kerl da wollte mit mir in ein Straßencafé, und wir wollten Wein trinken und uns unterhalten, bloß Wein trinken und uns unterhalten, das ist alles, weiter nichts, aber unterwegs traf dieser Kerl einen anderen Kerl in einem Ledermantel und der Kerl im Ledermantel zeigte dem anderen Kerl seine Titten und jetzt wird dieser Kerl den anderen Kerl im Ledermantel ficken, und damit komm ich um mein Straßencafé und meinen Wein und meine Unterhaltung.«

»Ich kann nicht mehr schreiben«, sagte Carl. »Es ist weg.«

Dann stand er auf, ging in die Toilette, machte die Tür zu und setzte sich zu einem Schiß. Carl schiß vier oder fünf Mal am Tag. Es gab sonst nichts zu tun. Er nahm fünf oder sechs Bäder am Tag. Es gab sonst nichts zu tun. Und aus dem gleichen Grund betrank er sich auch.

Margie hörte die Klosettspülung. Dann kam Carl heraus.

»Der Mensch kann einfach nicht acht Stunden am Tag schreiben. Nichtmal jeden Tag oder jede Woche. Ne verflixte Angelegenheit. Da kann man nichts machen. Man kann nur warten.«

Carl ging zum Kühlschrank und kam mit einer Sechserpackung Michelob zurück. Er machte eine Flasche auf.

»Ich bin der größte Schriftsteller der Welt«, sagte er. »Kannst du dir vorstellen, wie schwer das ist?«

Margie gab keine Antwort.

»Es ist eine Qual. Ich spürs in jeder Pore. Als hätte ich ne zweite Haut. Ich wollte, ich könnte mich häuten wie eine Schlange.«

»Na, warum wälzt du dich nicht auf dem Teppich rum und probierst es mal?«

»Sag mal, wo hab ich dich eigentlich aufgegabelt?«, fragte er.

»Barney's Beanery.«

»Naja, das erklärt einiges. Da hast'n Bier.«

Carl machte eine Flasche auf und schob sie ihr hin.

»Yeah«, sagte Margie, »ich weiß schon. Du brauchst deine Ruhe. Du mußt allein sein. Außer wenn du scharf bist oder wenn wir uns verkracht haben. Dann hängst du am Telefon und sagst, du brauchst mich. Du sagst, du hättest einen Mordskater und dir wär sterbenselend. Du wirst leicht schwach.«

»Ich werd leicht schwach.«

»Und du bist so *öde* zu mir, du gehst nie aus dir raus. Ihr Schriftsteller seid ja so ... etepetete ... ihr könnt keinen Menschen ausstehen. Die Menschheit stinkt euch, hab ich recht?«

»Hast recht.«

»Aber sobald wir uns mal verkracht haben, schmeißt du sofort gigantische Parties, die vier Tage dauern. Und ganz plötzlich wirst du *geistreich*, du fängst an zu REDEN! Plötzlich bist du voller Leben, du redest, du tanzt, du singst. Du tanzt auf dem Tisch, du schmeißt Flaschen durchs Fenster, du mimst Sachen aus Shakespeare. Plötzlich wirst du lebendig – wenn ich weg bin. Oh ja, ich bin informiert!«

»Ich mag keine Parties. Und erst recht nicht die Leute, die da rumstehen.«

»Für einen, der keine Parties mag, tust du jedenfalls ganz schön viele organisieren.«

»Hör mal zu, Margie, du hast mich nicht verstanden. Ich kann nicht mehr schreiben. Ich bin am Ende. Irgendwo ist mir was schiefgelaufen. Irgendwo bin ich gestorben in der Nacht.«

»Das einzige, an was du sterben wirst, ist der gigantische Katzenjammer nach einem von deinen Besäufnissen.«

»Jeffers hat mal gesagt, sogar die Stärksten geraten in die Falle.«

»Wer war denn dieser Jeffers?«

»Das war der Typ, der aus Big Sur eine Touristenfalle gemacht hat.«

»Was hattest du denn für heute abend vor?«

»Ich wollte mir die Lieder von Rachmaninoff anhören.«

»Wer is'n das?«

»Ein toter Russe.«

»Sieh dich an. Du hockst nur da rum.«

»Ich warte. Manche warten zwei Jahre lang. Manchmal kommt es überhaupt nicht mehr.«

»Und was ist, wenn es nicht mehr kommt?«

»Dann zieh ich eben meine Schuhe an und geh auf der Main Street betteln.«

»Warum besorgst du dir nicht einen anständigen Job?«

»Anständige Jobs gibt es nicht. Wenns ein Schriftsteller nicht kreativ bringt, ist er tot.«

»Ach hör doch auf, Carl? Es gibt Milliarden von Menschen auf der Welt, die es nicht auf die kreative Tour bringen. Willst du vielleicht behaupten, die sind tot?«

»Ja.«

»Und du hast Seele, hm? Du bist einer von den wenigen mit ner Seele.«

»Allem Anschein nach, ja.«

»Allem *Anschein* nach! Du und deine mickrige Schreibmaschine! Du und deine mickrigen Schecks! Meine *Oma* macht mehr Geld als du!«

Carl öffnete eine weitere Flasche.

»Bier! Bier! Du und dein gottverdammtes Bier! In deinen Geschichten gehts auch immer darum. ›Marty ergriff sein Bierglas. Als er aufschaute, kam diese große Blondine in die Bar und setzte sich neben ihn ...‹ Du hast ganz recht. Du *bist* am Ende. Deine Sachen sind schmalspurig, sehr schmalspurig. Du kannst keine Liebesgeschichten schreiben, du kannst keine anständige Liebesgeschichte schreiben.«

»Da hast du recht, Margie.«

»Wenn einer keine Liebesgeschichte schreiben kann, dann taugt er nichts.«

»Wie viele hast du denn schon geschrieben?«

»Ich geb mich ja auch nicht als Schriftsteller aus.«

»Aber«, sagte Carl, »du scheinst dich für einen mordsmäßigen Literaturkritiker zu halten.«

Bald danach ging Margie. Carl saß da und trank die restlichen Biere. Es stimmte, er konnte nicht mehr schreiben.

Seine paar Feinde im Underground würden sich darüber freuen. Sie konnten jetzt eine Stufe höher rauf. Sie sahen es gern, wenn einer abschnallte, ob underground oder overground. Endicott fiel ihm in diesem Zusammenhang ein. Endicott, wie er dasaß und sagte »Tja, Hemingway ist weg vom Fenster, Dos Passos ist weg, Patchen ist weg, Pound ist weg, Berryman ist von der Brücke gesprungen ... die Aussichten werden besser und besser und besser.«

Das Telefon läutete. Carl nahm den Hörer ab.

»Mr. Gantling?«

»Ja«, sagte er.

»Hätten Sie Interesse, am Fairmount College zu lesen?«

»Ja sicher. An welchem Tag?«

»Nächsten Monat, am dreißigsten.«

»Ja, ich glaube, da hab ich noch nichts vor.«

»Unser übliches Honorar ist 100 Dollar.«

»Ich kriege normalerweise hundertfünfzig. Ginsberg kriegt tausend.«

»Aber das ist auch Ginsberg. Wir können Ihnen nur hundert anbieten.«

»Also gut.«

»Schön, Mr. Gantling. Alles Nähere schreiben wir Ihnen dann noch.«

»Was ist mit Fahrtkosten? Das ist ne ziemliche Strecke zu fahren.«

»Okay, 25 Dollar für die Fahrt.«

»Okay.«

»Würden Sie gern einige Unterrichtsstunden besuchen und sich mit den Schülern unterhalten?«

»Nein.«

»Dann hätten wir noch einen kostenlosen Lunch.«

»Den nehm ich.«

»Schön, Mr. Gantling, wir freuen uns auf Ihren Besuch.«

»Goodbye.«

Carl ging im Zimmer auf und ab. Er sah die Schreibmaschine an. Er spannte einen Bogen Papier ein. Dann sah er draußen vor dem Fenster ein Mädchen in einem bemerkenswert kurzen Minirock vorbeigehen. Dann begann er zu tippen:

»Margie wollte mit diesem Kerl ausgehen aber der traf unterwegs einen anderen Kerl in einem Ledermantel und der Kerl in dem Ledermantel machte den Ledermantel auf und zeigte dem anderen Kerl seine Titten und der andere Kerl ging zu Margie in die Wohnung und sagte er könnte die Verabredung nicht einhalten weil ihm dieser Kerl im Ledermantel die Titten gezeigt hatte ...«

Carl hob seine Bierflasche. Es war ein gutes Gefühl, wieder schreiben zu können.

Erinnerungen an Pearl Harbor

Man ließ uns zweimal am Tag runter auf den Gefängnishof, morgens um zehn und nachmittags um drei. Es gab nicht viel, womit man sich dort beschäftigen konnte. Was die Männer untereinander verband, hatte gewöhnlich damit zu tun, daß man vorher in der gleichen Branche tätig gewesen war. Mein Zellengenosse Taylor hatte mir gleich zu Anfang erklärt, wie die soziale Ordnung hier aussah: Kinderschänder und Exhibitionisten rangierten ganz unten, hochkarätige Gauner und Gangsterbosse ganz oben.

Auf dem Hof sagte Taylor nie ein Wort zu mir. Er ging mit einem hochkarätigen Gauner auf und ab. Ich saß allein da. Ein paar von den Jungs rollten ein Hemd zu einem Ball zusammen und warfen sich das Ding gegenseitig zu. Es schien ihnen Spaß zu machen. Zur Unterhaltung der Gefangenen hatte man sich wirklich nicht viel einfallen lassen.

Ich saß da. Dann fielen mir einige Männer auf, die sich zusammendrängten. Ein Würfelspiel war im Gang. Ich stand auf und ging hin. Ich hatte knapp einen Dollar in kleinen Münzen. Ich sah mir ein paar Würfe an. Der Mann mit den Würfeln gewann dreimal hintereinander den Pott. Ich spürte, daß seine Strähne gelaufen war. Ich stieg ein und setzte gegen ihn. Er verschiß seinen Wurf. Ich machte einen Vierteldollar gut.

Sobald ein Spieler heiß wurde, hielt ich mich zurück, bis ich den Eindruck hatte, daß seine Strähne zu Ende war. Dann erst stieg ich gegen ihn ein. Die anderen dagegen setzten in jedem Spiel. Ich machte in sechs Spielen mit und gewann fünf davon. Dann ließ man uns wieder hinauf in unsere Zellen marschieren. Ich lag mit einem Dollar vorn.

Am nächsten Morgen stieg ich früher ein. Ich gewann $ 2.50 am Morgen und $ 1.75 am Nachmittag. Als wir das Spielen einstellten, kam dieser Junge zu mir her. »Sie scheinen ganz gut drin zu sein, Mister.«

Ich gab dem Jungen 15 Cents. Er reihte sich vor mir in die Marschkolonne ein. Ein anderer Kerl setzte sich im Gleichschritt neben mich. »Hast du dem Affenarsch war gegeben?«

»Ja. 15 Cents.«

»Der ist doch schon an jedem Pott beteiligt. Gib ihm bloß nicht noch was dazu.«

»Das ist mir nicht aufgefallen.«

»Yeah. Er ist am Pott beteiligt. Er sahnt bei jedem Spiel ab.«

»Auf den werd ich morgen mal achten.«

»Außerdem ist er ein gottverdammter Exhibitionist. Zeigt kleinen Mädchen seinen Pimmel.«

»Yeah«, sagte ich, »diese Wichser hab ich gefressen.«

Das Essen war sehr schlecht. Eines Abends nach dem Essen erwähnte ich gegenüber Taylor, daß ich beim Würfelspiel am Gewinnen war.

»Weißt du«, sagte er, »daß du dir hier drin auch Essen kaufen kannst? Gutes Essen.«

»Wie denn?«

»Der Koch kommt hier jeden Abend durch, wenn das Licht aus ist. Du kannst das beste Essen kriegen, das gleiche wie der Direktor. Nachtisch und alles. Der Koch ist gut. Der Direktor hat ihn extra deshalb hier reingeholt.«

»Wieviel würden uns denn so zwei Menüs kosten?«

»Gib ihm einen Zehner. Höchstens 15 Cents.«

»Mehr nicht?«

»Wenn du ihm mehr gibst, denkt er, du bist ein Arschloch.«

»All right. 15 Cents.«

Taylor arrangierte alles. Am nächsten Abend, als das Licht ausging, vertrieben wir uns die Zeit, indem wir Bettwanzen killten, eine nach der anderen.

»Dieser Koch hat zwei Männer auf dem Gewissen. Er ist ein Schrank von einem Kerl, und ne gefährliche Type. Er hat einen umgelegt, zehn Jahre dafür gesessen, und kaum war er zwei oder drei Tage draußen, da hat er schon den nächsten umgelegt. Der Knast hier ist eigentlich nur ne Durchgangsstation, aber der Direktor behält ihn hier, weil er so ein guter Koch ist.«

Wir hörten jemand kommen. Es war der Koch. Ich stand auf, und er gab mir das Essen herein. Ich trug es zum Tisch und ging zurück zur Zellentür. Er war wirklich ein großer Brocken. Zwei Männer hatte er gekillt. Ich gab ihm 15 Cents.

»Danke, Kumpel. Soll ich morgen abend wiederkommen?«

»Jeden Abend.«

Taylor und ich machten uns über das Essen her. Alles war auf Tellern. Der Kaffee war gut und heiß, das Fleisch – Rinderbraten – war zart. Kartoffelbrei, Erbsen, frische Brötchen, Soße, Butter, Apfelkuchen. Ich hatte seit fünf Jahren nicht mehr so gut gespeist.

»Der Koch hat neulich einen Matrosen vergewaltigt. Hat ihn so zugerichtet, daß der Kerl nicht mehr gehen konnte. Sie mußten ihn ins Krankenrevier bringen.«

Ich schob mir eine große Portion Kartoffelbrei und Soße rein.

»Du brauchst dir keine Sorgen zu machen«, sagte Taylor. »Du bist so gottverdammt häßlich, dich wird keiner pimpern wollen.«

»Ich mach mir eigentlich eher Sorgen, wie ich selber an ein Stück Arsch rankommen soll.«

»Na, ich kann dir ja die Schwuchteln mal zeigen. Manche sind schon besetzt, manche nicht.«

»Das hier ist gutes Essen.«

»Arschklar. Also, es gibt hier drin zwei Sorten von Schwuchteln. Die einen kommen schon als Schwuchteln rein, die anderen werden erst im Knast dazu gemacht. Es kommen nie genug Schwuchteln rein, deshalb müssen sich die Jungs noch ein paar dazumachen, damit es für alle reicht.«

»Klingt vernünftig.«

»Unsere hausgemachten Schwuchteln sind gewöhnlich ein bißchen kirre. Von den Schlägen, die sie sich einhandeln. Sie machen zuerst noch Schwierigkeiten.«

»Yeah?«

»Yeah. Aber dann sagen sie sich: besser ne lebendige Schwuchtel als ne tote Jungfrau.«

Wir beendeten unsere Mahlzeit, legten uns auf unsere Pritschen, kämpften mit den Bettwanzen und versuchten zu schlafen.

Ich hatte weiterhin Glück beim Würfelspiel. Ich erhöhte meine Einsätze und gewann immer noch. Das Leben im Gefängnis wurde zusehends angenehmer. Eines Tages wurde ich angewiesen, während des Hofgangs in der Zelle zu bleiben. Zwei FBI-Leute kamen mich besuchen. Sie stellten einige Fragen, dann sagte der eine von den beiden: »Wir haben Ihren Fall geprüft. Sie werden nicht vor Gericht gestellt. Sie werden zur Musterung antanzen. Wenn Sie die Army haben will, werden Sie eingezogen. Wenn man Sie für untauglich erklärt, sind Sie wieder Zivilist.«

»Mir gefällts beinahe hier im Knast«, sagte ich.

»Ja, Sie sehen auch gut aus.«

»Keinerlei Spannungen«, sagte ich, »keine Miete, keine Strom- und Gasrechnungen, kein Streit mit Freundinnen, keine Steuern, keine Nummernschilder, keine Ausgaben fürs Essen, kein Katzenjammer ...«

»Nur weiter so, Sie Klugscheißer. Wir können Sie ganz schön reinreiten.«

»Ach Scheiße«, sagte ich, »soll ja bloß 'n Witz sein. Denken Sie einfach, ich bin Bob Hope.«

»Bob Hope ist ein anständiger Amerikaner.«

»Das wär ich auch, wenn ich dem seine Piepen hätte.«

»Nur weiter so. Wir können Ihnen das Leben schwer machen.«

Ich sagte nichts. Der eine Kerl hatte eine Aktentasche. Er stand zuerst auf. Der andere Kerl schloß sich an. Sie gingen hinaus.

Wir kriegten jeder ein Lunchpaket, dann verfrachteten sie uns auf einen Lastwagen. Zwanzig oder fünfundzwanzig von uns. Die Jungs hatten erst vor anderthalb Stunden gefrühstückt, aber sie machten sich sofort über ihre Lunchpakete her. Nicht übel: ein Sandwich mit Wurst, einer mit Erdnußbutter, und eine angefaulte Banane. Ich gab meinen Lunch an die Jungs weiter. Sie waren sehr still. Keiner riß einen Witz. Sie starrten alle vor sich hin. Die meisten waren Schwarze oder Braune. Und alle waren kräftig gebaut.

Ich wurde körperlich für tauglich befunden, dann ging ich rein zum Psychiater.

»Henry Chinaski?«

»Ja.«

»Setzen Sie sich.«

Ich setzte mich.

»Glauben Sie an den Krieg?«

»Nein.«

»Sind Sie bereit, in den Krieg zu gehen?«

»Ja.«

Er sah mich an. Ich starrte auf meine Füße runter. Er schien einige Akten durchzulesen, die er vor sich liegen hatte. Es dauerte mehrere Minuten. Vier, fünf, sechs, sieben Minuten. Dann sagte er wieder was.

»Passen Sie auf, ich gebe nächsten Mittwoch bei mir zuhause eine Party. Es werden Ärzte kommen, Rechtsanwälte, Künstler, Schriftsteller, Schauspieler ... so in der Art. Ich sehe, daß Sie ein intelligenter Mensch sind. Ich möchte, daß Sie zu meiner Party kommen. Werden Sie kommen?«

»Nein.«

Er fing an zu schreiben. Er schrieb und schrieb und schrieb. Ich fragte mich, woher er soviel von mir wußte. Er wußte mehr von mir als ich selber.

Ich ließ ihn schreiben. Es interessierte mich nicht. Jetzt wo ich nicht in den Krieg durfte, wollte ich ihn beinahe. Doch gleichzeitig war ich auch wieder froh, daß er mir erspart blieb. Der Doktor hörte auf zu schreiben. Ich hatte das Gefühl, daß ich sie alle reingelegt hatte. Daß ich den Krieg ablehnte, lag nicht daran, daß ich sinnlos jemand töten mußte, um nicht selber getötet zu werden. Das spielte kaum eine Rolle. Nein, ich hatte was dagegen, daß man mir das Recht verweigerte, in einem kleinen Zimmer zu sitzen und vor mich hin zu hungern und billigen Wein zu trinken und langsam wahnsinnig zu werden – auf meine eigene Art und nach eigenem Belieben.

Ich wollte morgens nicht von irgendeinem Menschen mit einer Trompete geweckt werden. Ich wollte nicht in einer Kaserne schlafen in Gesellschaft von gesunden sexhungrigen football-begeisterten überernährten wichtigtuerischen onanierenden liebenswerten verängstigten babyhäutigen furzenden mutterfixierten wohlerzogenen basketball-spielenden amerikanischen Boys, zu denen ich ein freundschaftliches Verhältnis finden mußte, mit denen ich mich in meiner Freizeit besaufen mußte und denen ich geduldig zuhören mußte, wenn sie Dutzende von öden und platten schweinischen Witzen erzählten. Ich hatte keinen Bedarf nach ihren juckenden Roßhaardecken oder ihren juckenden Uniformen oder ihrer juckenden menschlichen Art. Ich wollte nicht im gleichen Raum mit ihnen scheißen oder pissen oder mir die gleiche Nutte mit ihnen teilen. Ich wollte mir nicht ihre Zehennägel ansehen oder die Briefe lesen, die sie von zuhause bekamen. Ich wollte nicht ihre Ärsche in Marschordnung vor mir auf und ab tanzen sehen, ich wollte keine Freundschaften schließen, ich wollte mir keine Feinde machen, ich wollte weder sie noch es noch sonstwas. Zu töten oder getötet zu werden war im Vergleich dazu beinahe unerheblich.

Ich wartete zwei Stunden lang auf einer harten Bank in einem jauchebraunen Tunnel, durch den ein kalter Wind pfiff. Dann ließen sie mich gehen, und ich ging raus, Richtung Norden. Ich blieb irgendwo stehen, um mir eine Schachtel Zigaretten zu kaufen. Dann ging ich in die erstbeste Bar, setzte mich, bestellte mir einen Scotch and Water, pellte das Zellophan von der Zigarettenpackung, nahm mir eine heraus, steckte sie an, nahm den Drink in die Hand, goß mir die Hälfte rein, zog an der Zigarette, sah mir mein hübsches Gesicht im Spiegel an. Es war ein seltsames Gefühl, wieder draußen zu sein. Ein seltsames Gefühl, wieder gehen zu können, wohin man wollte.

Ich stand auf und ging aus reinem Jux ins Männerklo, stellte mich hin und pißte. Es war wieder mal so ein grauenhaftes Kneipenscheißhaus; es kam mir fast hoch bei diesem Gestank. Wieder in der Bar, steckte ich eine Münze in die Jukebox, setzte mich und hörte mir den letzten Heuler an. Der letzte war keinen Deut besser als der vorletzte. Sie hatten den Beat, aber keine Spur von *Soul.* Gegen Mozart, Bach und Beethoven konnten sie immer noch nicht anstinken.

Diese Würfelspiele und das gute Essen würde ich noch sehr vermissen. Ich bestellte mir noch einen Drink und sah mich in der Bar um. Es saßen fünf Männer da, keine Frauen. Die amerikanische Gosse hatte mich wieder.

Pittsburgh Phil & Co.

Dieser Bursche da, Summerfield, lebte von der Fürsorge und hing an der Weinflasche. Er war ein ziemlich langweiliger Typ, ich wollte nichts mit ihm zu tun haben, aber er hing immer halb betrunken aus dem Fenster. Er sah mich, wenn ich aus meiner Bude kam, und er hatte jedesmal den gleichen Spruch drauf: »Hey, Hank, wie wärs wenn du mich mal zum Pferderennen mitnimmst?«, und ich sagte dann immer: »Ein andermal, Joe, heute nicht.« Naja, er hing eben nach wie vor halb betrunken aus dem Fenster und ließ nicht locker, so daß ich eines Tages schließlich sagte: »All right, Menschenskind, dann komm eben mit . . .«, und wir zogen zusammen los.

Es war Januar, und wer die Pferderennbahn von Santa Anita kennt, der weiß, daß es da draußen sehr kalt werden kann, wenn man am Verlieren ist. Der Wind bläst von den verschneiten Bergen herunter, und deine Taschen sind leer, und du frierst und denkst an Tod und schlimme Zeiten und keine Miete und den ganzen Rest. Es ist wirklich kein angenehmer Ort zum Verlieren. Von der Hollywood-Park-Rennbahn kann man wenigstens einen Sonnenbrand mit nach Hause nehmen.

Also wir fuhren hin. Er redete während der ganzen Fahrt auf mich ein. Er war noch nie auf einer Pferderennbahn gewesen. Ich mußte ihm den Unterschied zwischen den verschiedenen Wetten erklären – Sieg, Platz und Einlaufwette. Er wußte nicht einmal, was eine Startmaschine war, oder eine *Rennliste.* Als wir dort waren, versuchte er sich an meiner Liste. Ich mußte ihm zeigen, wie man damit umging. Ich bezahlte seine Eintrittskarte und kaufte ihm ein Programm. Er hatte ganze zwei Dollar. Das reichte gerade für eine einzige Wette.

Vor dem ersten Rennen standen wir herum und sahen uns die Frauen an. Joe erzählte mir, er habe seit fünf Jahren keine Frau mehr gehabt. Er sah abgerissen aus, ein richtiger Verlierer. Wir studierten abwechselnd die Liste und sahen die Frauen an, und dann sagte Joe: »Wieso wird das Pferd 6 nur mit 14/1 notiert? Sieht mir nach dem sicheren Sieger aus.« Ich versuchte Joe zu erklären, daß dem Pferd im Vergleich mit den übrigen Bewerbern eben nur eine Siegchance von 14/1 eingeräumt wurde, aber er ließ sich nichts sagen. »Der Gaul sieht mir verdammt nach dem sicheren Sieger aus. Ich versteh von diesen anderen Sachen nichts. Ich *muß* einfach auf ihn setzen.«

»Es sind deine zwei Dollar, Joe«, sagte ich, »und ich leih dir kein Geld, wenn du mit dieser Wette einbrichst.«

Das Pferd hieß Red Charlie, und es war wirklich ein trauriger Klepper. Als es zur Besichtigung vorgeführt wurde, hatte es Bandagen an allen vier Beinen. Die Leute hatten kaum einen Blick darauf geworfen, da schnellte seine Notierung auch schon auf 18/1 empor. Ich traf die einzig logische Wahl, Bold Latrine, und setzte zehn auf Sieg. Das Pferd hatte gut verdient, der Jockey sah lebendig aus, und der Trainer stand in der Rangliste auf Platz 2.

Das Rennen ging über eine Meile plus eine Sechzehntel. Red Charlie stand bei 20/1, als sie aus der Startmaschine kamen, und er kam als erster weg, er war gar nicht zu verfehlen mit all diesen Bandagen. Der Boy im Sattel hatte in der ersten Kurve bereits vier Längen Vorsprung herausgeholt. Muß wohl gedacht haben, er sei in einem Viertelmeilenrennen. Er hatte von 40 Rennen nur zwei gewonnen, und es war leicht zu sehen, weshalb. Auf der gegenüberliegenden Geraden hatte er den Vorsprung auf sechs Längen vergrößert. Der Schaum lief Red Charlie am Hals herunter, es sah fast aus wie Rasierschaum.

Im Scheitelpunkt der Kurve waren die sechs Längen auf drei zusammengeschrumpft, und das Feld schloß weiter auf. Am Ende der Geraden hatte Red Charlie nur noch anderthalb Längen, und Bold Latrine griff von außen an. Es sah so aus, als würde es mein Gaul bringen. In der Mitte der anderen Geraden fehlte mir noch eine Halslänge. Wenn er sich noch ein bißchen streckte, war ich saniert. Doch der Abstand blieb bis ins Ziel unverändert. Red Charlie hatte beim Einlauf immer noch seine Halslänge vorne. Er brachte $ 42.80.

»Dachte mirs doch, daß er am besten aussieht«, sagte Joe und zog los, um seinen Gewinn abzuholen.

Als er zurückkam, bat er mich wieder um die *Liste.* Er sah sich die nächsten Kandidaten durch. »Wieso steht Big H bei 6/1?«, fragte er mich. »Scheint mir der beste zu sein.«

»Für *dich* siehts vielleicht so aus, als wär er der beste«, sagte ich, »aber für erfahrene Pferdewetter und Handicapper, für richtige Profis ist er ungefähr 6/1 wert.«

»Werd doch nicht gleich sauer, Hank. Ich weiß, daß ich von diesem Sport nichts verstehe. Ich meine ja nur, daß er für mich so aussieht, als müßte er der Favorit sein. Ich muß trotz allem auf ihn setzen. Am besten gleich mal zehn auf Sieg.«

»Es ist dein Geld, Joe. Du hast bloß unverschämtes Glück gehabt im ersten Rennen. So einfach ist das Spiel nicht.«

Nun ja. Big H siegte und zahlte $ 14.40 aus. Joe begann sich in Pose zu werfen. Wir studierten jetzt die Liste an der Bar, er bestellte jedem von uns einen Drink und gab dem Barkeeper einen ganzen Dollar Trinkgeld. Als wir die Bar verließen, zwinkerte er dem Barkeeper zu und sagte: »Das nächste Rennen macht Barney's Mole ganz allein.« Barney's Mole war der Favorit mit 6/5, so daß mir seine Ankündigung nicht ganz abwegig vorkam. Als das Rennen losging, stand Barney's Mole auf pari. Er zahlte $ 4.20 und Joe hatte $ 20 auf Sieg.

»Dieses Mal«, erklärte er mir, »haben sie das richtige Pferd zum Favoriten gemacht.«

In den neun Rennen hatte Joe acht Sieger. Auf der Rückfahrt fragte er sich ständig, weshalb er im 7. Rennen danebengetippt hatte. »Blue Track sah mit Abstand am besten aus. Ich versteh nicht, warum er nur Dritter wurde.«

»Joe, du hast 8 von 9 gewonnen. Das ist Anfängerglück. Du hast keine Ahnung, wie schwer dieses Spiel ist.«

»Sieht mir ganz leicht aus. Man pickt sich einfach den Sieger heraus und streicht sein Geld ein.«

Danach sagte ich nichts mehr zu ihm. Am Abend

klopfte er bei mir an die Tür. Er hatte einen halben Liter Grandad und die *Rennliste* dabei. Ich half ihm, die Flasche leer zu trinken, während er die Liste durchging und mir sagte, wer am nächsten Tag die neun Rennen gewinnen würde, und warum. Da hatten wir also einen richtigen Experten. Ich weiß, wie es einem Mann zu Kopfe steigen kann. Ich hatte einmal 17 Sieger hintereinander und malte mir schon aus, wie ich mir Häuser entlang der Küste kaufen und einen Handel mit weißen Sklaven aufziehen würde, um meine Gewinne vor dem Zugriff des Finanzamts zu schützen. So crazy kann man dabei werden.

Ich konnte es kaum erwarten, am nächsten Tag mit Joe auf den Rennplatz zu kommen. Ich wollte sein Gesicht sehen, wenn sich alle seine Vorhersagen als Nieten entpuppten. Pferde waren auch nur Tiere aus Fleisch und Blut. Sie konnten sich schon mal vergaloppieren. Es war schon so, wie der alte Pferdenarr gesagt hatte: »Es gibt ein Dutzend Arten, wie man ein Rennen verlieren kann, und nur eine Art, wie man eins gewinnt.«

Na schön. Es kam nicht so, wie ich gedacht hatte. Joe hatte 7 von 9 Siegern – Favoriten, Außenseiter, und solche zwischendrin. Und auf der ganzen Fahrt nach Hause quengelte er wegen seiner beiden Nieten. Er konnte es nicht begreifen. Ich sprach nicht mit ihm. Der Hundesohn konnte überhaupt keinen Fehler machen. Aber die Wahrscheinlichkeitsrechnung war auf die Dauer gegen ihn.

Er fing an, mich darüber aufzuklären, was ich beim Wetten alles falsch machte, und wie mans richtig machen mußte. Zwei Tage auf dem Rennplatz, und schon war er ein Experte. Ich war seit 20 Jahren im Geschäft, und da eröffnete er mir nun, ich hätte von nichts eine Ahnung.

Wir gingen die ganze Woche hin, und Joe gewann in

einer Tour. Er wurde so unausstehlich, daß ich ihn nicht mehr sehen konnte. Er kaufte sich einen neuen Anzug mit Hut, ein neues Hemd, neue Schuhe, und er begann 50-Cent-Zigarren zu rauchen. Er sagte den Leuten von der Fürsorge, er sei jetzt Unternehmer und brauche ihr Geld nicht mehr. Joe war verrückt geworden.

Er ließ sich einen Schnurrbart stehen und kaufte sich eine Armbanduhr und einen teuren Ring. Am folgenden Dienstag sah ich ihn im eigenen Wagen zum Rennplatz fahren, einem schwarzen 69er Cadillac. Er winkte mir zu und schnickte seine Zigarrenasche aus dem Seitenfenster. Ich hatte an diesem Tag auf dem Rennplatz keine Gelegenheit, mit ihm zu reden. Er saß im Klubhaus.

Als er am Abend bei mir anklopfte, hatte er außer dem üblichen halben Liter Grandad noch eine große Blondine dabei. Eine junge Blondine, gut gekleidet, gepflegt, mit einer Figur und einem Gesicht. Sie kamen zusammen rein.

»Wer ist dieser alte Penner?«, fragte sie Joe.

»Das ist mein alter Kumpel Hank«, sagte er zu ihr. »Ich kenn ihn aus der Zeit, als ich noch arm war. Er nahm mich eines Tages mit auf den Rennplatz.«

»Hat er denn keine Alte?«

»Old Hank hat seit 1965 keine Frau mehr gehabt. Sag mal, wie wärs, wenn wir ihn mit Big Gertie verkuppeln?«

»Gott nee, Joe. Big Gertie und *der?* Niemals. Schau dir doch seine Kleider an. Er sieht aus wie ein Lumpensammler.«

»Nun sei mal ein bißchen gnädig, Baby. Er ist mein Kumpel. Ich weiß, er sieht nicht besonders aus, aber schließlich haben er und ich zusammen angefangen. Ich bin sentimental.«

»Naja, aber Big Gertie ist nicht sentimental. Die steht nur auf Klasse.«

»Schau her, Joe«, sagte ich, »vergiß das mit den Weibern. Hock dich einfach mit der *Liste* hier her, und wir kippen einige Drinks, und du gibst mir ein paar Sieger für morgen.«

Das tat Joe. Wir tranken, und er tüftelte sie aus. Er schrieb mir die Namen von neun Pferden auf ein Stück Papier. Seine Alte, Big Thelma – nun ja, Big Thelma sah mich an, als sei ich ein Batzen Hundescheiße auf einem gepflegten Vorgartenrasen.

Diese neun Pferde waren gut für acht Siege am nächsten Tag. Ein Pferd zahlte $ 62.60. Ich konnte es nicht begreifen. An diesem Abend kam Joe mit einer neuen Frau vorbei. Die sah sogar noch besser aus. Er setzte sich mit der Flasche und der *Liste* hin und schrieb mir wieder neun Pferde auf.

Dann sagte er zu mir: »Paß auf, Hank, ich muß meine alte Bude dringend abstoßen. Ich hab mir ein nettes De-luxe-Apartment genommen, direkt am Rennplatz. Diese Fahrerei jedesmal, da raus und wieder rein, das ist mir zu unbequem. Komm, Baby, gehn wir. Bis später dann, Kid.«

Ich wußte, was das bedeutete. Mein Kumpel gab mir den Laufpaß. Am nächsten Tag ging ich bei diesen neun Pferden in die vollen. Sie waren gut für sieben Siege. Als ich nach Hause kam, nahm ich mir nochmal die Liste vor und versuchte dahinterzukommen, weshalb er sich für diese Pferde entschieden hatte, aber es schien keinen plausiblen Grund dafür zu geben. Manche seiner Tips waren mir völlig schleierhaft.

Während der restlichen Saison bekam ich von Joe nichts mehr zu sehen. Bis auf einmal, da sah ich ihn mit zwei Frauen ins Klubhaus reingehen. Joe lachte. Er war fett geworden. Er trug einen 200-Dollar-Anzug und hatte einen Diamantring am Finger. Ich verlor an diesem Tag alle neun Rennen.

Zwei Jahre später. Ich war auf dem Hollywood-

Park-Rennplatz, und es war ein besonders heißer Tag, ein Donnerstag, und ich erwischte im 6. Rennen einen Sieger, der $ 26.80 zahlte. Ich hatte mir gerade meinen Gewinn auszahlen lassen, als ich hinter mir eine Stimme hörte:

»Hey, Hank! *Hank!*«

Es war Joe.

»Menschenskind«, sagte er, »wirklich großartig, dich zu sehn!«

»Hallo, Joe ...«

Er trug immer noch seinen 200-Dollar-Anzug, trotz der Hitze. Wir anderen liefen in Hemdsärmeln herum. Er hatte dringend eine Rasur nötig, seine Schuhe waren abgelatscht und der Anzug war schmutzig und zerknittert. Sein Diamant war weg, seine Armbanduhr war weg.

»Gib mir'n Glimmstengel, Hank.«

Ich gab ihm eine Zigarette, und als er sie ansteckte, sah ich, daß seine Hände zitterten.

»Ich brauch einen Drink, Mann«, sagte er zu mir.

Ich ging mit ihm an die Bar, und wir tranken einige Whiskeys. Joe studierte die *Liste.*

»Hör zu, Mann, ich hab dich auf ne Menge Sieger angesetzt, stimmts?«

»Stimmt, Joe.«

Wir standen da und sahen uns die *Liste* an. »Jetzt check mal dieses Rennen hier«, sagte Joe. »Sieh dir Black Monkey an. Der wird das Rennen nach Hause laufen, Hank. Ungefährdet. Und das bei 8 für eins.«

»Meinst du wirklich, der hat eine Chance, Joe?«

»Der isses, Mann. Der gewinnt das Rennen im Schlaf.«

Wir setzten beide auf Black Monkey und gingen raus, um uns das Rennen anzusehen. Der Gaul landete abgeschlagen auf dem 7. Platz.

»Das versteh ich nicht«, sagte Joe. »Schau her, gib

mir nochmal zwei Dollar, Hank. Siren Call läuft im nächsten. Das ist ne todsichere Sache. Da kann gar nichts schiefgehen.«

Siren Call schaffte einen fünften Platz, aber das ist keine große Hilfe, wenn man auf Sieg gesetzt hat. Für das neunte Rennen zog mir Joe nochmal zwei Dollar aus der Nase, und sein Pferd landete wieder unter »ferner liefen«. Joe sagte, er habe keinen Wagen, und ob es mir was ausmachen würde, ihn nach Hause zu fahren.

»Du wirst es nicht glauben«, sagte er zu mir, »aber ich lebe wieder von der Fürsorge.«

»Ich glaub dirs, Joe.«

»Aber ich komm wieder hoch. Du weißt, Pittsburgh Phil ging ein halbes dutzend Mal pleite. Er kam immer wieder auf die Beine. Seine Freunde hatten Vertrauen in ihn. Sie pumpten ihm Geld.«

Als ich ihn absetzte, stellte sich heraus, daß er in einer alten Absteige wohnte, etwa vier Häuserblocks von meiner Bude entfernt. Ich war nie umgezogen. Beim Aussteigen sagte er: »Für morgen sind verdammt gute Rennen angesagt. Gehst du hin?«

»Bin mir nicht sicher, Joe.«

»Gib mir Bescheid, wenn du hingehst.«

»Klar, Joe.«

An diesem Abend hörte ich das Klopfen an meiner Tür. Ich kannte Joe's Klopfen. Ich machte nicht auf. Ich hatte den Fernseher an, aber ich machte nicht auf. Ich blieb einfach regungslos auf dem Bett liegen. Er klopfte weiter an die Tür.

»Hank! Hank! Bist du da drin? HEY, HANK!«

Dann hämmerte er gegen die Tür. Er schien verzweifelt zu sein. Er hämmerte und hämmerte. Endlich gab er auf. Ich hörte ihn den Korridor entlanggehen. Dann hörte ich, wie die Haustür ins Schloß fiel. Ich stand auf, stellte den Fernseher ab, ging an den Kühlschrank, machte mir einen Schinken-und-Käse-Sandwich, köpfte eine Flasche Bier. Damit setzte ich mich hin, faltete die *Rennliste* des nächsten Tages auseinander und begann mir das erste Rennen anzusehen, ein mit $ 5000 dotiertes Ausscheidungsrennen für Dreijährige mit dem einen oder anderen Wallach darunter. Das Pferd 8 gefiel mir. Es wurde mit 5/1 notiert. Das war mir jederzeit gut genug.

Dr. Nazi

Also ich bin ein Mensch mit vielen Problemen, und an den meisten bin ich vermutlich selber schuld. Ich meine die mit Frauen, mit meiner Spielleidenschaft und meiner feindseligen Haltung gegenüber jeder Ansammlung von Menschen, und je größer die Ansammlung, desto größer die Feindseligkeit. Man wirft mir eine negative Einstellung vor, man nennt mich griesgrämig und verstockt.

Ich muß immer an die Frau denken, die mich einmal anschrie: »Du hast so eine gottverdammt negative Einstellung! Das Leben kann so schön sein!«

Kann es vermutlich. Vor allem, wenn es dabei ein bißchen leiser zugeht. Aber ich möchte hier von meinem Arzt erzählen. Seelenklempner sind nicht mein Fall. Sie taugen nichts und sind viel zu selbstgefällig. Ein guter Arzt dagegen ist oft verbiestert und/oder wahnsinnig und daher bedeutend unterhaltsamer.

Ich ging zu Dr. Kiepenhauer, weil seine Praxis am nächsten lag. Ich hatte einen Ausschlag an den Händen, lauter weiße Bläschen. Es konnte sein, daß da meine inneren Ängste durchbrachen. Es konnte aber auch Krebs sein. Ich trug Arbeitshandschuhe, damit mich die Leute nicht anstarrten. Und da ich täglich zwei Schachteln Zigaretten rauchte, wiesen die Handschuhe bereits etliche Brandlöcher auf.

Ich betrat die Praxis des Arztes. Ich hatte den ersten Termin. Als angstgeplagter Mensch war ich schon eine halbe Stunde vor der Zeit da und machte mir Gedanken über Krebs. Ich ging durchs Wartezimmer und sah ins Vorzimmer hinein. Eine Sprechstundenhilfe kniete am Boden in ihrer engsitzenden weißen Kluft. Die ging ihr jetzt nur noch knapp bis über den Hintern, und ich erblickte ein Paar gewaltige Schenkel, über denen sich straff die Nylonstrümpfe spannten. Jeder Gedanke an Krebs war vergessen. Sie hatte mich nicht gehört, und ich starrte auf ihre Beine und Schenkel und maß ihren saftigen Hintern mit meinen Augen. Sie wischte Wasser vom Boden auf, die Toilette war übergelaufen, und sie fluchte vor sich hin, sie war erregt, sie war rosig und braun und lebendig und entblößt und ich starrte sie an.

Sie schaute auf. »Ja?«

»Machen Sie nur weiter«, sagte ich, »lassen Sie sich nicht stören.«

»Die Toilette«, sagte sie. »Sie läuft dauernd über.«

Sie wischte weiter auf, und ich nahm mir ein ›Life‹-Magazin und starrte über den Rand hinweg auf sie runter. Schließlich stand sie auf. Ich ging zur Couch und setzte mich. Sie blätterte ihr Bestellbuch auf.

»Sind Sie Mr. Chinaski?«

»Ja.«

»Warum ziehen Sie nicht ihre Handschuhe aus? Es ist warm hier drin.«

»Lieber nicht. Wenn Sie nichts dagegen haben.«

»Dr. Kiepenhauer wird gleich da sein.«

»Schon gut. Ich kann warten.«

»Was haben Sie denn?«

»Krebs.«

»Krebs?«

»Ja.«

Sie verschwand, und ich las in ›Life‹, dann las ich eine andere Ausgabe von ›Life‹, dann ›Sports Illustrated‹, und dann saß ich da und starrte auf Bilder mit Meereswogen und Landschaften, und irgendwo kam Musik aus einem Deckenlautsprecher. Plötzlich gingen alle Lichter aus, dann wieder an, und ich überlegte gerade, ob es wohl eine Möglichkeit gab, die Sprechstundenhilfe zu vergewaltigen und ungeschoren davonzukommen, als der Doktor hereinkam. Ich ignorierte ihn, und er ignorierte mich. Damit waren wir quitt.

Er rief mich ins Sprechzimmer. Er saß auf einem Hocker und sah mich an. Er hatte ein gelbes Gesicht und gelbe Haare, und seine Augen waren stumpf. Er war am Sterben. Er war ungefähr 42. Ich sah ihn mir an und gab ihm noch sechs Monate.

»Wozu die Handschuhe?«, fragte er.

»Ich bin ein sensibler Mensch, Doktor.«

»Ach ja?«

»Ja.«

»Dann sollte ich Ihnen vielleicht sagen, daß ich früher mal Nazi war.«

»Na und?«

»Macht es Ihnen nichts aus, daß ich mal Nazi war?«

»Nein, macht mir nichts aus.«

»Ich kam in Gefangenschaft. Sie ließen uns in einem offenen Güterwaggon quer durch Frankreich fahren, und an der ganzen Strecke standen die Menschen und bewarfen uns mit Stinkbomben und Steinen und Abfällen – Fischgräten, tote Pflanzen, Exkremente, alles mögliche.«

Dann setzte sich der Doktor in seinen Sessel und

erzählte mir von seiner Frau. Sie versuchte ihn restlos auszunehmen. Ein richtiges Miststück. Wollte sich sein ganzes Geld klemmen. Das Haus. Den Garten. Das Gartenhaus. Den Gärtner vermutlich auch, falls sie's nicht schon getan hatte. Und den Wagen. Und Unterhaltszahlungen. Plus einen großen Batzen in bar. Schauderhaftes Weib. Er hatte so schwer für alles arbeiten müssen. Fünfzig Patienten am Tag, 10 Dollar pro Kopf. Das reichte kaum fürs nackte Überleben. Und diese Frau. Frauen. Ja, Frauen. Er erklärte mir, woher das Wort kam. Ich weiß nicht mehr, ob er Frauen sagte oder das feminine Geschlecht oder was; jedenfalls, er brachte ein lateinisches Wort aufs Tapet und ging von da zurück, um mir die Wurzel zu zeigen, aus der es sich entwickelt hatte – alles lateinisches Zeug. Ergebnis: Frauen waren im Grunde wahnsinnig.

Während ich ihn so über den weiblichen Wahnsinn sprechen hörte, begann mir der Doktor immer besser zu gefallen. Mein Kopf nickte zustimmend.

Plötzlich sagte er, ich solle mich auf die Waage stellen. Er wog mich, dann hörte er sich mein Herz an und klopfte mir die Brust ab. Er zog mir mit einem Ruck die Handschuhe aus, wusch meine Hände in irgendwelchem Scheißzeug und schnitt mir dann mit einem Rasiermesser die Bläschen auf. Während der ganzen Zeit verbreitete er sich weiter über die Niedertracht und Rachsucht, die in allen Frauen drinsteckte. Es hatte mit den Drüsen zu tun. Das Verhalten der Frau wurde von ihren Drüsen gesteuert, während der Mann seinem Herzen folgte. Deshalb konnten auch nur Männer wirklich *leiden.*

Er sagte, ich solle meine Hände regelmäßig baden und die verdammten Handschuhe wegschmeißen. Er redete noch ein bißchen über Frauen im allgemeinen und seine Frau im besonderen, und dann ging ich.

Mein nächstes Problem waren Schwindelanfälle. Die bekam ich allerdings nur, wenn ich anstehen mußte. Das Anstehen wurde für mich allmählich zu einer Schreckensvision. Es war unerträglich.

Mir wurde klar, daß in Amerika und wahrscheinlich auf der ganzen Welt alles aufs Schlangestehen hinauslief. Überall mußten wir anstehen. Bei der Führerscheinstelle: drei oder vier Schlangen. Am Rennplatz: Schlangen. Vor dem Kino: Schlangen. Beim Einkaufen: Schlangen. Ich haßte das Anstehen. Ich fand, es müsse doch einen Weg geben, wie sich das vermeiden ließ. Dann kam ich auf die Lösung. Mehr *Angestellte.* Ja, das war die Lösung. Zwei Angestellte für jeden Kunden. *Drei* Angestellte. Sollten die doch anstehen.

Ich wußte nur eins: das Anstehen brachte mich langsam aber sicher um. Ich konnte mich nicht damit abfinden. Alle anderen taten es. Alle anderen waren normal. Sie konnten Schlange stehen, ohne die geringste Qual zu empfinden. Sie konnten ewig Schlange stehen. Es machte ihnen sogar noch *Spaß.* Sie quatschten und grinsten und lächelten und flirteten miteinander. Sie hatten nichts Besseres zu tun. Sie konnten sich gar nicht vorstellen, etwas anderes zu tun. Und ich mußte mir ihre Ohren ansehen und ihre Mäuler und ihre Hälse und Beine und Ärsche und Nasenlöcher und alles. Ich konnte förmlich den Todeshauch spüren, der wie Smog aus ihren Körpern drang. Ich hörte mir ihre Unterhaltungen an und hätte am liebsten geschrien: *»Herrgott nochmal, hilft mir denn keiner? Muß ich denn hier leiden, bloß um mir ein Pfund Hackfleisch und ein Roggenbrot kaufen zu können?«*

Dann kam wieder so ein Schwindelanfall, und ich mußte die Beine spreizen, um nicht das Gleichgewicht zu verlieren. Alles drehte sich vor meinen Augen – der Supermarkt, die Gesichter der Angestellten mit ihren goldbraunen Schnurrbärten und ihren cleveren glücklichen Augen; sie alle würden es mit ihren blank geschrubbten zufriedenen Gesichtern eines Tages zum Supermarkt-Filialleiter bringen, sich Eigenheime in Arcadia kaufen und nachts ihre bleichgesichtigen blonden dankbaren Gattinnen besteigen.

Ich ließ mir einen weiteren Termin bei meinem Arzt geben. Wieder wurde ich als erster vorgemerkt. Wieder erschien ich eine halbe Stunde vor der Zeit. Die Toilette war inzwischen repariert. Die Sprechstundenhilfe wischte diesmal Staub. Sie bückte sich und richtete sich wieder auf und bückte sich wieder halb runter, nach rechts und nach links, und dann kehrte sie mir den Arsch zu und beugte sich ganz nach vorn. Der Saum ihres weißen Kittels schlingerte und wanderte nach oben, stieg empor, ringelte sich hoch. Hier ein Grübchen am Knie, da ein Schenkel, eine Backe, der ganze Körper. Ich setzte mich ins Wartezimmer und schlug eine Ausgabe von ›Life‹ auf.

Sie hörte mit dem Staubwischen auf und steckte ihren Kopf zur Tür herein. »Sie sind ja Ihre Handschuhe losgeworden, Mr. Chinaski«, sagte sie lächelnd.

»Ja.«

Der Doktor kam herein. Er schien dem Tod wieder ein Stück nähergekommen zu sein. Er nickte mir zu, und ich stand auf und ging hinter ihm rein.

Er setzte sich auf seinen Hocker.

»Chinaski. Wie gehts uns denn?«

»Naja, Doktor ...«

»Schwierigkeiten mit Frauen?«

»Na, das sowieso, aber ...«

Er ließ mich nicht ausreden. Es waren ihm noch ein paar Haare mehr ausgefallen. Seine Finger zuckten. Er schien Atembeschwerden zu haben. Hatte abgenommen. Ein verzweifelter Mensch.

Seine Frau quetschte ihn aus. Sie waren vor Gericht

gegangen. Während der Verhandlung hatte sie ihn geohrfeigt. Das war ihm gerade recht. Da konnten sie alle sehen, was für ein Luder sie war. Davon konnte er nur profitieren. Jedenfalls, es war nicht allzu schlecht für ihn ausgegangen. Sie hatte ihm noch ein bißchen was gelassen. Natürlich, man weiß ja, was Rechtsanwälte so verlangen. Scheißkerle. Schon mal drauf geachtet, wie diese Rechtsanwälte daherkommen? Fast immer fett. Vor allem im Gesicht. »Naja, Shit, sie hat mich drangekriegt. Aber ich habe noch ein bißchen was übrig behalten. Soll ich Ihnen mal sagen, was so eine Schere hier kostet? Sehen Sie sich das mal an. Zwei Stücke Blech mit einer Schraube durch. $ 18.50. Mein Gott, und auf die Nazis hatte man einen Haß. Was ist ein Nazi im Vergleich zu so etwas?«

»Ich weiß nicht, Doktor. Ich habe Ihnen ja schon gesagt, daß ich nicht mehr so recht durchsteige.«

»Haben Sie's schon mal mit einem Seelenklempner versucht?«

»Hat keinen Zweck. Dumpfe Typen, keine Fantasie. Kann ich nicht gebrauchen. Soviel ich höre, geht es so aus, daß sie ihre Patientinnen sexuell belästigen. Wenn ich all die Weiber ficken könnte, wäre ich auch gerne Psychiater. Ansonsten ist denen ihr Gewerbe völlig nutzlos.«

Mein Arzt sackte auf seinem Hocker in sich zusammen. Er wurde noch ein bißchen gelber und grauer. Ein enormes Zucken ging durch seinen Körper. Er hatte es fast hinter sich. Eigentlich schade. Er war so ein angenehmer Mensch.

»Tja, meine Frau bin ich los«, sagte er, »das wäre geschafft.«

»Schön«, sagte ich. »Erzählen Sie mir ein bißchen, wie das so war, als Nazi.«

»Nun ja, wir hatten keine große Wahl. Sie nahmen uns einfach ran. Ich war jung. Ich meine, was zum

Teufel soll man machen? Man kann immer nur in einem Land leben. Man geht in den Krieg, und wenn man nicht auf der Strecke bleibt, dann landet man in einem offenen Güterwaggon, wo einen die Leute mit Dreck bewerfen ...«

Ich fragte ihn, ob er seine nette Sprechstundenhilfe schon mal gevögelt habe. Er lächelte mild. Das Lächeln sagte ja. Dann erzählte er mir, daß er seit der Scheidung, naja, er habe einer seiner Patientinnen den Hof gemacht. Er wisse zwar, daß es ethisch nicht ganz in Ordnung sei, mit einer Patientin ein Verhältnis zu haben ...

»Nein, wieso? Ich finde das ganz in Ordnung, Doktor.«

»Sie ist eine sehr intelligente Frau. Ich habe sie geheiratet.«

»Ist doch gut.«

»Jetzt bin ich glücklich ... aber ...«

Dann hob er mit einer hilflosen Geste die Hände, mit den Handflächen nach oben, und ließ sie wieder sinken ...

Ich erzählte ihm von meiner Angst vor dem Schlangestehen. Er stellte mir ein Dauerrezept für Librium aus.

Dann kriegte ich ein Nest von Furunkeln am Arsch. Ich litt Todesqualen. Sie fesselten mich mit Ledergurten – die können einfach mit einem machen, was sie wollen; sie schnallten meinen Arsch fest und gaben mir örtliche Betäubung. Ich drehte den Kopf zur Seite, sah meinen Arzt an und sagte: »Könnte ich mirs vielleicht noch anders überlegen?«

Drei Gesichter sahen auf mich herunter. Seines und zwei andere. Er mit dem Skalpell. Sie mit den Tupfern. Und dann noch jemand mit einer Spritze.

»Sie können sichs nicht mehr anders überlegen«, sagte der Arzt. Er rieb sich die Hände und grinste und fing an ...

Als ich ihn das letzte Mal aufsuchte, hatte es etwas mit Wachs in meinen Ohren zu tun. Ich sah nur, wie sich seine Lippen bewegten. Ich versuchte, etwas zu verstehen, aber ich konnte nichts hören. Seinen Augen und seinem Gesicht war anzusehen, daß er wieder eine schwere Zeit durchmachte, also nickte ich einfach zu allem, was er sagte.

Es war warm. Ich war ein bißchen benebelt und dachte, na schön, sicher, er ist ein angenehmer Mensch, aber warum läßt er nicht *mich* von meinen Problemen erzählen, das ist nicht fair, ich habe schließlich auch Probleme, und es kostet *mein* Geld ...

Dann stellte mein Arzt schließlich fest, daß ich taub war. Er brachte etwas zum Vorschein, das wie ein Feuerlöscher aussah, und rammte es mir in die Ohren. Hinterher zeigte er mir große Brocken Schmalz ... es lag an dem Ohrenschmalz, sagte er. Er zeigte auf einen Eimer, der am Boden stand. Es sah mir eigentlich mehr wie aufgewärmte Bohnen aus.

Ich erhob mich vom Operationstisch, zahlte und ging. Hören konnte ich immer noch nichts. Ich fühlte mich nicht besonders schlecht, aber auch nicht gut, und ich fragte mich, mit welchem Gebrechen ich ihn wohl als nächstes aufsuchen würde, und was er dagegen tun würde, und was er mit seiner 17jährigen Tochter anfangen würde, die sich in eine andere Frau verliebt hatte und die Frau heiraten wollte. Und da kam mir der Gedanke, daß *alle* ständig zu leiden hatten, einschließlich derjenigen, die so taten, als ginge es ihnen gut. Das schien mir eine ganz beachtliche Erkenntnis zu sein. Ich sah mir den Zeitungsjungen an und dachte hmmmmm, hmmmmm, und ich sah mir den nächsten Passanten an und dachte, hmmmmm, hmmmmm, hmmmmmmmm, und an der Verkehrsampel beim Krankenhaus kam ein neuer schwarzer Wagen um die Ecke und fuhr ein hübsches junges Ding in einem blauen Minikleid über den Haufen, und sie war blond und hatte blaue Schleifen im Haar, und sie setzte sich auf der Straße halb auf und saß da in der Sonne und das scharlachrote Zeug lief ihr aus der Nase.

Charles Bukowski im dtv

Ein Profi
Stories vom verschütteten Leben
Übers. v. Carl Weissner
ISBN 978-3-423-10188-2

Hot Water Music
Erzählungen
Übers. v. Carl Weissner
ISBN 978-3-423-11462-2

Jeder zahlt drauf
Stories
Übers. v. Carl Weissner
ISBN 978-3-423-11991-7

Ausgeträumt
Roman
Übers. v. Carl Weissner
ISBN 978-3-423-12342-6

Faktotum
Roman
Übers. v. Carl Weissner
ISBN 978-3-423-12387-7

Hollywood
Roman
Übers. v. Carl Weissner
ISBN 978-3-423-12390-7

Pittsburgh Phil & Co.
Stories vom verschütteten Leben
Übers. v. Carl Weissner
ISBN 978-3-423-12391-4

Nicht mit sechzig, Honey
Gedichte vom südlichen Ende der Couch
Übers. v. Carl Weissner
ISBN 978-3-423-12392-1

Gedichte die einer schrieb bevor er im 8. Stockwerk aus dem Fenster sprang
Übers. v. Carl Weissner
Fotos v. John Webb & Gipsy Lou; Richard Robinson; Sam Cherry; Brad Darby
ISBN 978-3-423-12578-9

Flinke Killer
Gedichte
Übers. v. Carl Weissner
Illustr. v. Janosch
ISBN 978-3-423-12698-4

Western Avenue
Gedichte 1955–1977
Übers. v. Carl Weissner
ISBN 978-3-423-13268-8

Nackt bei 33 Grad
Gedichte
Übers. v. Carl Weissner
ISBN 978-3-423-13398-2

Neuedition der drei Gedichtbände ›Pacific Telephone‹, ›Die Girls im grünen Hotel‹ und ›Die letzte Generation‹ in einem Band.

Das Schlimmste kommt noch oder Fast eine Jugend
Roman
Übers. v. Carl Weissner
ISBN 978-3-423-20963-2

»Diese Erinnerungen sind spannend, böse und witzig.« (Los Angeles Times)

Bitte besuchen Sie uns im Internet: www.dtv.de

Charles Simmons im dtv

»Charles Simmons' Sätze sind karg und klar gebaut, voller Raum für Luft und Licht.«
Süddeutsche Zeitung

Salzwasser
Roman
Übers. v. Susanne Hornfeck
ISBN 978-3-423-**12900**-8

»Im Sommer 1963 verliebte ich mich, und mein Vater ertrank.« Meer, Sand, Wind, ein Haus in den Dünen. Feinfühlig erzählt Simmons vom Verlust der Unschuld. »Ein kleines Meisterwerk.« (Frankfurter Rundschau)

Lebensfalten
Roman
Übers. v. Susanne Hornfeck
ISBN 978-3-423-**13062**-2

Eine eigenwillige Form der Autobiographie: Charles Simmons zieht das Fazit seines bisherigen Lebens. »Nüchtern, melancholisch, voller Selbstironie und stillem Humor. Ein verhaltenes Buch über die Mühsal und vor allem das Glück zu leben. So sollte es sein, unser Buch des Lebens.« (Elmar Krekeler in der ›Welt‹)

Belles Lettres
Roman
Übers. v. Klaus Modick
ISBN 978-3-423-**13363**-0

Intrigen, Chaos und Kämpfe hinter der Fassade einer angesehenen Literaturzeitschrift.

Das Venus-Spiel
Roman
Übers. v. Jörg Trobitius
ISBN 978-3-423-**13414**-9

Eine literarische Komödie über einen seltsamen Zaubertrank, der eine enorme sexuelle Wirkung entfaltet.

Geständnisse eines ungeübten Sünders
Roman
Übers. v. Klaus Modick
ISBN 978-3-423-**13609**-9

Simmons Debüt von 1964. »Dieser Briefroman ist in seiner ganz und gar unprätentiösen Art, in seinem charmant-angeberhaften Tonfall reine Gegenwart.« (Frankfurter Allgemeine Zeitung)

T. C. Boyle im dtv

»Aus dem Leben gegriffen und trotzdem unglaublich.«
Barbara Sichtermann

World's End
Roman
Übers. v. Werner Richter
ISBN 978-3-423-11666-4 und
ISBN 978-3-423-21030-0

In der Nacht seines 22. Geburtstages rast Walter Van Brunt betrunken und bekifft mit seinem Motorrad gegen eine Gedenktafel. Die Vergangenheit holt ihn ein …

Greasy Lake und andere Geschichten
Übers. v. Giovanni Bandini u. Ditte König
ISBN 978-3-423-11771-5

Mit wenigen Strichen umreißt T. C. Boyle die Atmosphäre der siebziger Jahre – Geschichten voller Action, Witz und Überraschungen.

Grün ist die Hoffnung
Roman
Übers. v. Werner Richter
ISBN 978-3-423-11826-2 und
ISBN 978-3-423-20774-4

Drei schräge Typen versuchen in den Bergen nördlich von San Francisco Marihuana anzubauen, um endlich ans große Geld zu kommen. Doch das Leben in der Wildnis ist strapaziös …

Wenn der Fluß voll Whisky wär
Erzählungen
Übers. v. Werner Richter
ISBN 978-3-423-11903-0

Geschichten vom Kochen und Vögeln, mörderischen Adoptivkindern, dem Teufel und der Heiligen Jungfrau.

Willkommen in Wellville
Roman
Übers. v. Anette Grube
ISBN 978-3-423-11998-6

Dr. John Harvey Kellogg, Erfinder der Corn Flakes, ist angetreten, den uralten Traum der Menschheit vom ewigen Leben zu erfüllen. Zu seinem Tempel der Gesundheit wallfahrtet die gesundheitsbewußte Oberschicht Amerikas.

Der Samurai von Savannah
Roman
Übers. v. Werner Richter
ISBN 978-3-423-12009-8

Als der japanische Matrose Hiro Tanaka vor der Küste Georgias von Bord eines Frachters springt, ahnt er noch nicht, was ihm in Ame-rika blüht … Ein tragikomischer Roman über die dramatische Begegnung zweier Kulturen.

T. C. Boyle im dtv

Tod durch Ertrinken
Erzählungen
Übers. v. Anette Grube
ISBN 978-3-423-**12329**-7
Wilde, absurde Geschichten mit sehr viel schwarzem Humor aus T. C. Boyle-Country.

América
Roman
Übers. v. Werner Richter
ISBN 978-3-423-**12519**-2 und
ISBN 978-3-423-**20935**-9
Zusammenstoß zweier Welten: hier América und Cándido, illegale Einwanderer aus Mexiko, dort das Ehepaar Mossbacher, umwelt- und ernährungsbewußte Amerikaner in L. A.

Riven Rock
Roman
Übers. v. Werner Richter
ISBN 978-3-423-**12784**-4
Der steinreiche Erbe Stanley McCormick leidet unter sexuellen Wahnvorstellungen und kann mit keiner Frau allein gelassen werden – schon gar nicht mit seiner eigenen.

Fleischeslust
Erzählungen
Übers. v. Werner Richter
ISBN 978-3-423-**12910**-7
Geschichten über Exzesse, Mordlust, Sehnsucht und Gier.

Ein Freund der Erde
Roman
Übers. v. Werner Richter
ISBN 978-3-423-**13053**-0
Mit Sarkasmus und Witz erzählt Boyle von der Zukunft, die längst begonnen hat.

Schluß mit cool
Erzählungen
Übers. v. Werner Richter
ISBN 978-3-423-**13158**-2
Schrille, witzige und böse Geschichten vom komischsten Propheten des Untergangs.

Drop City
Roman
Übers. v. Werner Richter
ISBN 978-3-423-**13364**-7
Eine Hippiekommune zieht in den 70er Jahren von Kalifornien nach Alaskas ... Sex, Drugs and Rock 'n' Roll – das große Epos der Gegenkultur.

Dr. Sex
Roman
Übers. v. Dirk van Gunsteren
ISBN 978-3-423-**20981**-6
USA 1939: Alfred Kinsey untersucht das sexuelle Verhalten von Männern und Frauen, und zwar empirisch. John Milk wird in Kinseys innersten Zirkel aufgenommen ...

»Born in the USA«
Junge amerikanische Autoren im dtv

»Romane sind wie Rockkonzerte. Entweder bringst du die Leute zum Tanzen oder sie feuern dir Bierdosen an den Kopf.«
T. C. Boyle

Lauren Grodstein
Der Makel der Liebe
Roman · dtv premium
Übers. v. Barbara Ostrop
ISBN 978-3-423-24469-5

Ist sie schwanger oder nicht? Während seine Freundin den Test macht, überlegt ein junger Mann, wie das Ergebnis sein Leben verändern wird.

Binnie Kirshenbaum
Kurzer Abriß meiner Karriere als Ehebrecherin
Roman
Übers. v. Barbara Ostrop
ISBN 978-3-423-12705-9

Sie lügt, stiehlt und begehrt andere Männer … »Mit abgründigem, blitzschnell ins Melancholische umschlagendem Witz.« (Werner Fuld)

Matt Ruff
G.A.S.
Die Trilogie der Stadtwerke
Roman
Übers. v. D. u. G. Bandini
ISBN 978-3-423-20758-4

New York 2023. Während der visionäre Trillionär Harry Gant einen neuen Turm zu Babel baut, kämpft seine Exfrau Joan tief unten in der Kanalisation gegen das Böse … Fulminanter Comic-Fantasy-Science-Fiction-Thriller.

Scott Snyder
Happy Fish
Stories · dtv premium
Übers. v. Lutz-W. Wolff
ISBN 978-3-423-24381-0

Zwischen Florida und New York: verblüffende, schöne Geschichten.

Katharine Weber
Gegenstände im Spiegel
Roman
Übers. v. Nina Pallandt
ISBN 978-3-423-24400-8

Der jungen Amerikanerin Harriet gefällt es in Genf nicht besonders. Außerdem stellt sich heraus, daß die Freundin, bei der sie wohnt, die Geliebte eines 30 Jahre älteren, verheirateten Mannes ist. Die Spannungen nehmen zu …

Binnie Kirshenbaum im dtv

Ich, meine Freundin und all diese Männer
Roman
Übers. v. Barbara Ostrop
ISBN 978-3-423-08625-7
Eine Fin-de-siècle-Freundschaft zwischen Bars, Betten und Bücherborden, zwischen B-Picture und Boutique. Umbekümmert komisch.

Ich liebe dich nicht und andere wahre Abenteuer
Übers. v. Christine Groß
ISBN 978-3-423-11888-0
Zehn Geschichten, zehn unmögliche Frauen.

Kurzer Abriß meiner Karriere als Ehebrecherin
Roman
Übers. v. Barbara Ostrop
ISBN 978-3-423-12705-9
Eine junge New Yorkerin, verheiratet, linkshändig, hat drei außereheliche Affären nebeneinander: mit einem sizilianischen Gangster, einem Multimedia-Künstler und – dem Mann ihres Lebens.

Mermaid Avenue
Roman
Übers. v. Barbara Ostrop
ISBN 978-3-423-12787-5
Ich, meine Freundin und all diese Männer ... Mona und Edie lernen sich im College kennen und stellen sofort Seelenverwandtschaft fest.

Als hielte ich den Atem an
Roman
Übers. v. Barbara Ostrop
ISBN 978-3-423-12979-4
Lila ist Lyrikerin. Über Sex weiß sie alles, nur die Liebe war ihr bislang noch fremd.

Keinen Penny für nichts
Übers. v. Patricia Reimann
dtv premium
ISBN 978-3-423-24128-1
Verrückte Geschichten von verletzlichen Frauen.

Entscheidungen in einem Fall von Liebe
Übers. v. Patricia Reimann
dtv premium
ISBN 978-3-423-24347-6
Eine jüdische New Yorkerin verliebt sich in einen deutschen Professor.

Ein fast perfekter Augenblick
Roman
Übers. v. Patricia Reimann
dtv premium
ISBN 978-3-423-24490-9
Ein Mädchen aus Brooklyn wird zum Anlass für einen komisch-rührenden Mutter-Gottes-Kult.

Kleine Philosophie der Passionen
Flohmärkte
Übers. v. Lutz-W. Wolff
ISBN 978-3-423-20610-5

Graham Greene im dtv

»Bei Graham Greene ist Schuld die menschliche Unzulänglichkeit vor dem Schicksal, und Sühne ist nicht die absolute Verdammnis.«
Eberhard Thieme

Ein Mann mit vielen Namen
Roman
Übers. v. Monika Blaich
ISBN 978-3-423-**11429**-5

Zwiespalt der Seele
Roman
Übers. v. Marion Zerbst
ISBN 978-3-423-**11595**-7

Das Schlachtfeld des Lebens
Roman
Übers. v. Gerhard Beckmann
ISBN 978-3-423-**11629**-9

Jagd im Nebel
Roman
Übers. v. Christian Spiel
ISBN 978-3-423-**11977**-1

Unser Mann in Havanna
Roman
Übers. v. Dietlind Kaiser
ISBN 978-3-423-**12034**-0

Orient-Expreß
Roman
Übers. v. Gerhard Beckmann
ISBN 978-3-423-**12573**-4

Zentrum des Schreckens
Roman
Übers. v. Walther Puchwein und Fanny Esterhazy
ISBN 978-3-423-**12626**-7

Ein ausgebrannter Fall
Roman
Übers. v. Dietlind Kaiser
ISBN 978-3-423-**12746**-2

Das Ende einer Affäre
Roman
Übers. v. Edith Walter
ISBN 978-3-423-**12776**-9

Der stille Amerikaner
Roman
Übers. v. Walther Puchwein und Käthe Springer
ISBN 978-3-423-**13129**-2

Die Stunde der Komödianten
Roman
Übers. v. Hilde Spiel
ISBN 978-3-423-**13157**-5

Das Attentat
Roman
Übers. v. Klaus Kamberger
ISBN 978-3-423-**13170**-4

Graham Greene im dtv

„Das Geheimnis von Greenes Erzählkunst ist das virtuose Hin- und Hergleiten zwischen Oberflächen und seelischen Vorgängen ... Greenes Vorzüge sind unübersehbar.«
Hans-Josef Ortheil in ›Frankfurter Allgemeine Zeitung‹

Die Kraft und die Herrlichkeit
Roman
Übers. v. Veza Magd und Käthe Springer
ISBN 978-3-423-**13154**-4

Der Mann, der den Eiffelturm stahl
und andere Erzählungen
Übers. v. Monika Seeger
ISBN 978-3-423-**13180**-3

Der Honorarkonsul
Roman
Übers. v. Edith Walter und Susanne Rademacher
ISBN 978-3-423-**13187**-2

Ein Sohn Englands
Roman
Übers. v. Gerhard Beckmann
ISBN 978-3-423-**13215**-2

Der menschliche Faktor
Roman
Übers. v. Edith Walter
ISBN 978-3-423-**13367**-8

Umberto Eco im dtv

»Ein Phänomen ersten Ranges.«
Willi Winkler

Der Name der Rose
Roman
ISBN 978-3-423-10551-4
Anno Domini 1327: Ein Mord erschüttert die Gemäuer des Benediktinerklosters an den Hängen des Apennin ...

Nachschrift zum ›Namen der Rose‹
ISBN 978-3-423-10552-1

Über Gott und die Welt
Essays und Glossen
ISBN 978-3-423-10825-6

Das Foucaultsche Pendel
Roman
ISBN 978-3-423-11581-0
Drei Verlagslektoren stoßen auf ein geheimnisvolles Tempelritter-Dokument ...

Platon im Striptease-Lokal
Parodien und Travestien
ISBN 978-3-423-11759-3

Wie man mit einem Lachs verreist und andere nützliche Ratschläge
ISBN 978-3-423-12039-5

Im Wald der Fiktionen
Sechs Streifzüge durch die Literatur
ISBN 978-3-423-12287-0

Die Insel des vorigen Tages
Roman
ISBN 978-3-423-12335-8

Vier moralische Schriften
ISBN 978-3-423-12713-4

Über Spiegel und andere Phänomene
ISBN 978-3-423-12924-4

Gesammelte Streichholzbriefe
ISBN 978-3-423-12970-1

Derrick oder die Leidenschaft für das Mittelmaß
Neue Streichholzbriefe
ISBN 978-3-423-12988-6

Baudolino
Roman
ISBN 978-3-423-13138-4 und
ISBN 978-3-423-20954-0

Die geheimnisvolle Flamme der Königin Loana
Illustrierter Roman
ISBN 978-3-423-13489-7

Alle Titel übersetzt von Burkhart Kroeber

Italo Calvino im dtv

»Calvino ist als Philosoph unter die Erzähler gegangen, nur erzählt er nicht philosophisch, er philosophiert erzählerisch, fast unmerklich.«
W. Martin Lüdke

Die unsichtbaren Städte
Roman
Übers. v. Heinz Riedt
ISBN 978-3-423-10413-5
Sowenig wie Marco Polo in diesem Buch eine historische Figur ist, sowenig handelt es sich auch bei den Städten, die der fiktive Venezianer beschreibt, um reale Orte. Es sind vielmehr Tummelplätze der Imagination.

Wenn ein Reisender in einer Winternacht
Roman
Übers. v. Burkhart Kroeber
ISBN 978-3-423-10516-3
Calvinos hintergründig-witziges Verwechslungsspiel läßt den Leser des Romans auf die Suche gehen nach einem Roman. Der Leser, so beteiligt am kriminalistischen Spiel, wird zum Helden des Romans.

Der geteilte Visconte
Roman
Übers. v. Oswalt v. Nostitz
ISBN 978-3-423-10664-1
Dem Visconte hat das Leben übel mitgespielt: Nur seine schlechte Hälfte scheint aus dem Krieg zurückgekommen zu sein.

Der Ritter, den es nicht gab
Roman
Übers. v. Oswalt v. Nostitz
ISBN 978-3-423-10742-6
Ein Muster an Kampfgeist und Pflichtgefühl ist Agilulf, der aber eine seltsame Eigenschaft hat: es gibt ihn nicht.

Zuletzt kommt der Rabe
Erzählungen
Übers. v. Nino Erné und Julia M. Kirchner
ISBN 978-3-423-11143-0

Unter der Jaguar-Sonne
Erzählungen
Übers. v. Burkhart Kroeber
ISBN 978-3-423-11325-0
Ein Buch der Sinne: das letzte erzählerische Werk Calvinos.

Die Mülltonne und andere Geschichten
Übers. v. Burkhart Kroeber
ISBN 978-3-423-12344-0

Die Braut, die von Luft lebte
und andere italienische Märchen
Übers. v. Burkhart Kroeber
ISBN 978-3-423-12505-5

Italo Calvino im dtv

»Calvino ist einer der letzten großen Zauberer der europäischen Literatur.«
Mary McCarthy

Wo Spinnen ihre Nester bauen
Roman
Übers. v. Thomas Kolberger
ISBN 978-3-423-**12632**-8

Pin, der verwahrloste Gassenjunge, fühlt sich magisch angezogen von der Welt der Erwachsenen. Doch keiner nimmt ihn ernst. So stiehlt er einem deutschen Soldaten die Pistole ... Krieg, Sex, Heldentum und Politik enthüllen aus der Sicht eines Kindes ihre ganze Fragwürdigkeit. Calvinos erster Roman, der ihn früh berühmt machte.

Eremit in Paris
Autobiographische Blätter
Übers. v. Burkhart Kroeber und Ina Martens
ISBN 978-3-423-**12723**-3

Herr Palomar
Übers. v. Burkhart Kroeber
ISBN 978-3-423-**12764**-6

Das Schloß, darin sich Schicksale kreuzen
Erzählungen
Übers. v. Heinz Riedt
ISBN 978-3-423-**13120**-9

Heikle Erinnerungen
Erzählungen
Übers. v. Nino Erné, Julia M. Kirchner und Caesar Rymarowicz
ISBN 978-3-423-**12840**-7

Ein General in der Bibliothek
Erzählungen
Übers. v. Burkhart Kroeber
ISBN 978-3-423-**13595**-5

Der Baron auf den Bäumen
Roman
Übers. v. Oswalt v. Nostitz
ISBN 978-3-423-**19102**-9

Am 15. Juni 1767 erhebt sich Baron Cosimo von der Familientafel und klettert auf eine Steineiche. Er wird den Boden nie mehr betreten ...